---------------------------------Asemana Books--------------------------------

Theatre in Travel

Collected Articles by

Duman Riyazi

Asemana Books
2025

-------------------------انتشارات آسمانا-------------------------

نمایش در سفر

مجموعه مقالات

دومان ریاضی

نشر آسمانا، تورنتو، کانادا
١٤٠٤/٢٠٢٥

نمایش در سفر

نویسنده: دومان ریاضی

ناشر: آسمانا، تورنتو، کانادا

طرح روی جلد: واحد طراحی نشر آسمانا

صفحه‌آرا: واحد طراحی نشر آسمانا

نوبت چاپ: اول، ۱٤۰٤/۲۰۲۵

شماره آی‌اس‌بی‌ان: ۹۷۸۱۹۹۷۵۰۳۱۲۵

حق چاپ برای ناشر محفوظ است

نمایش در سفر

مجموعه مقالات

دومان ریاضی

فهرست

سفر اروپائی مظفرالدین‌شاه و ره‌آورد هنری آن........................ ۹
به روز رسانی نمایش ایران در دوره قاجار.......................... ۳۹
انجیر خچو... ۷۱
اپرا به مثابه یک فرهنگ..................................... ۸۷
گوسان پارسی- کریشنا هندی.................................. ۹۹
بداهه‌پردازی در کمدیا دلارته................................... ۱۲۹
نقش کارلو گولدونی در روند رو به رشد کمدیا دلارته.............. ۱۵۱
آقای آرلکینو.. ۱۶۷
پشت نقاب‌های خندان.. ۲۰۳
از زاننی تا دن جواننی.. ۲۴۱
درباره نویسنده ۲۶۶

دومان ریاضی

سفر اروپائی مظفرالدین‌شاه و ره‌آورد هنری آن

چکیده

هنگامی که برای نخستین بار، یکی از پادشاهان ایران، پای از مرزها فراتر گذاشته و به اروپا سفر کرد، گمان می‌رفت چونان اعزام محصلین یا سفرای ایرانی به فرنگ، این مسافرت نیز، موجد تحول و تجدد شود. از آن‌جا که فرنگ و فرنگی برای ایرانیان جاذبه خاصی داشت، دیدار حاکم مطلق‌العنان کشور از دستاوردهای اعجاب‌انگیز و توسعه‌آفرین تمدن غرب، می‌توانست منشاء اثر و نوگرائی شود. اما هر سه سفر شاهان چهارم و پنجم دودمان قاجار، اتفاقات بسیار در نوع خود عجیب را برای نمایش ایران رقم زد که به صورت مستند به آن پرداخته نشده است. در سفر اروپائی نخست مظفرالدین شاه قاجار، میزبانان اتریشی برای او ترتیب مراسمی باشکوه را دادند که مختص شاه ایران بود و از درک اروپایی‌ها نسبت به علایق شرقی‌ها و تفنن‌طلبی دولتمردان ایرانی خبر می‌داد. در این مقاله، با استفاده از اسناد منتشرنشده از مراسم استقبال و پذیرائی هیات ایرانی، و به مدد روش تحلیل اسنادی، به تشریح جزئیات ناگفته از سفر فرنگستان مظفرالدین شاه پرداخته شده است. نتیجه تحقیق نشان می‌دهد که چیدمان آئین‌های پذیرائی از دولتمردان قاجار، به گونه‌ای طراحی شده که در آن جنبه از ذوق هنرپردازانه ایرانیان را تحریک نموده است که بر انتقال وجوه عینی هنر نمایش از غرب به ایران دوره معاصر اثر گذاشته است.

سفر اروپائی مظفرالدین‌شاه و ره‌آورد هنری آن

کلید واژه‌ها: مظفرالدین شاه، سفر اروپا، هنر نمایش، روابط فرهنگی

مقدمه

دوره زمامداری دودمان قاجار و مقارن با سده ۱۹ و ۲۰ م، یکی از ادوارمهم واثربخش تاریخ فرهنگی و اجتماعی ایران است که از جهات مختلف مورد پژوهش قرار گرفته است. به ویژه آشنائی ایرانیان با مظاهر تمدن مدرن و نمودهای فرهنگ و تمدن غرب سخت در خور اعتنا است. چرا که نه تنها بر انتقال برخی از دستاوردهای مادی و معنوی اروپا به ایران، بلکه به نوآوری و اقتباس خلاقانه و هدفمند از مظاهر و پدیده‌های مدرنیسم منجر شده است. براساس مستندات موجود یعنی سفرنامه‌های ایرانیان فرنگ رفته در سده ۱۹ و ۲۰، یکی از بیشترین مکان‌هایی که مورد بازدید سیاحان ایرانی بود، سالن‌های تئاتر در کشورهای اروپا بوده است. علاقه رجال و گردشگران ایرانی به دیدار از سالن‌های نمایش تا بدان حد بوده است که در سفرنامه ناصرالدین شاه، وی اعتراف می‌کند که علی‌رغم بیماری و سردرد، رفتن به تئاتر را ترجیح می‌داده است و یا حاج سیاح اقرار می‌کند که: " بالجمله، بدین منوال هر شب به تیاتوری سیاحت می‌نمودیم."

با این وجود به نظر می‌رسد که نگرش ایرانیان به هنر نمایش، براساس شناخت آن به عنوان یک برنامه تفننی و تفریحی بوده است و اگر توصیفی هم بوده به زبان غیر تخصصی و عامیانه از آن یاد شده است. اما از اوایل دهه ۱۲۸۰ ق/ ۱۸۶۰ م، با همت شماری از ایرانیان

ژرف‌اندیش و فعال، تلاش شد تا فرهنگ تئاتر غربی به دو شکل نظری و عملی در ایران پیاده شود و مردم را با معنا و هدف هنر نوین نمایش آشنا سازند. این امر با ترجمه نمایشنامه‌هایی از مولیر، شکسپر و... به فارسی و سپس نگارش نخستین نمایشنامه‌های فارسی توسط افرادی چون: میرزا آقا تبریزی، علی خان ظهیرالدوله و غیره و حتی انتشار روزنامه تیاتر توسط میرزا رضا نائینی (۱۲۹۰-۱۳۵۰ ق) در ربیع الاول ۱۳۲۶ سرعت گرفت.

سفرهای فرنگستان

یکی از عللی که باعث به‌روز رسانی هنرهای نمایشی و سپس ورود شکل غربی آن یعنی هنر تئاتر شد، سفر شاهان و درباریان به اروپا در دوره قاجار و مشاهده نزدیک در سالن‌های نمایش بود. در واقع، مسافرت‌های سه نوبته ناصرالدین شاه (۱۲٦٤-۱۳۱۳) و مظفرالدین شاه (۱۳۱۳-۱۳۲٤) به کشورهای اروپائی بود که چنین آشنائی را پدید آورد و ذوق هنری و نمایشی ایرانیان را تحریک نمود.

اولین دور از سفرهای ناصرالدین شاه به فرنگ، در ربیع الاول ۱۲۹۰/ آوریل ۱۸۷۳ و در معیت یک هیات ۸٤ نفره به کشورهای روسیه، آلمان، بلژیک، انگلستان، فرانسه، سوئیس، ایتالیا و اتریش اتفاق افتاد. به غیر از سیاحت آثار و عقد معاهدات سیاسی، وجه ارزنده‌تر این سفر، تماشای نمایش و موسیقی اُپرا، رقص و آتش بازی بود. که بر ذهن و روان شاه قاجار تاثیر بسزائی گذاشت تا جائی که ذوق هنری او تحریک شد و به انجام امور هنری علاقمند. از همین نقطه بود که

ناصرالدین شاه عکاس متولد شد. شاه که هنر عکاسی را فراگرفته بود و به شدت به آن علاقه داشت، تلاش نمود تا در هر فرصتی از مناظر و اشخاص پیرامون عکس‌برداری کند و حتی بر شاهزاده ملک قاسم میرزا (۱۳۰۰-۱۲۲۲) یعنی "نخستین ایرانی که دوربین عکاسی در اختیار داشت" پیشی بگیرد. بدین ترتیب، شاید بتوان گفت اولین نشانه‌های ورود هنر عکاسی و سپس سینما و رشد دیگر هنرهای بصری با سفر شاه قاجار نمود یافته و بالطبع تاثیر خود را در توسعه هنر نمایش و اختصاص زمان و مکان به آن گذاشت. چنانکه ساخت اولین هتل سبک جدید، تاسیس باغ وحش و حتی "رواج گرفتن دامن تور رقاصه‌های باله به عنوان لباس رشتی برای خانم‌های اندرونی" از دستاوردهای این سفر تلقی می‌شود.

دومین سفر شاه به سال ۱۲۹۵/ ۱۸۷۸ از قفقازیه شروع و در امتداد مسیر روسیه به سمت اروپا تا لهستان، آلمان، اتریش و فرانسه ادامه یافت. سومین و آخرین سفر شاه در ۱۳۰۶/ ۱۸۸۹ به مقصد روسیه، فرانسه، انگلستان بلژیک، اتریش و عثمانی صورت گرفت و اگر ترور ناصرالدین شاه در سال ۱۳۱۳ اتفاق نمی‌افتاد، شاید سفر چهارمی هم رخ می‌داد! اما آنچه در این سفرها نمود دارد، ثبت مشاهدات شخص شاه است که ذوق‌زدگی و اعجاب شاه ایران از مشاهده ترقیات تمدن غرب و نحوه زندگانی و تفریحات غربیان را نشان می‌دهد. در این خاطرات سفر، روایت‌ها از اتفاقات یا به درستی فهمیده نشده یا به صورت الکن روایت شده است. اما آنچه مسلم است، اینکه ناصرالدین شاه به عنوان اولین شاه ایران که قدم به سرزمین‌های مسیحی گذاشت، سهم زیادی در انتقال هنر تئاتر به کشور دارد. او که تا حدودی تحت تاثیر هنر ایرانی و متمایل به نقاشی و موسیقی بود،

علاوه بر مجالست با هنرمندان، تلاش کرد تا بنایی برای اجرای یک هنر نمایشی بومی یعنی تعزیه‌خوانی در تهران ساخته شود. با دستور مستقیم شاه بود که بنای "تکیه دولت" در دهه ۱۲۸۰ ق، در ضلع شرقی کاخ گلستان و با یاری زبده‌ترین هنرمندان ساخته شد. تا جائی که تکیه آن‌قدر رونق گرفت که اجرای نمایش‌های آئینی تعزیه از صورت نمایش مناسبتی خارج شد و به هر بهانه‌ای اجرا می‌شد. در نتیجه، تکرار نمایش‌های سیاه‌بازی و روحوضی در ایام شادمانی و اجرای تعزیه‌خوانی در سوگواری‌ها، چنان روحیه هنرجویانه ایرانیان را تحریک کرد که علاوه بر اجرای نمایش در تکایا و قهوه‌خانه‌ها، سنگ بنای محل اختصاصی نمایش با عنوان «تیارت علی بگ» در محله سنگلج تهران هم گذاشته شد. بر همین اساس، اینکه برخی نویسندگان معاصر، عواملی نظیر اطلاعات سیاحان ایرانی از نمایش‌خانه‌های اروپا و ترجمه پیس‌های نویسندگان اروپائی را در آشنائی ایرانیان با هنر تئاتر موثر می‌دانند در مورد سفر شاهان و رجال سیاسی هم مصداق پیدا می‌کند.

اما این اتفاقات فرخنده به اینجا ختم نشد و با به تخت نشستن مظفرالدین شاه، دوباره راه پدر در انجام سفرهای اکتشافی! و دیدار از جلوه‌های ظاهری و دلربای فرهنگ و تمدن غرب دنبال شد. مظفرالدین شاه قاجار علاوه بر تاج‌وتخت شاهی و علاقه به تفریح و خوش‌گذرانی، عشق سفر به فرنگ را هم از شاه شهید به ارث برده بود. لذا در طول دوران ده‌ساله سلطنتش در فواصلی نزدیک به هم به اروپا مسافرت کرد، به بهانه استفاده از آب‌های معدنی و شفابخش کوه‌های آلپ برای مداوای رماتیسم خود، آن هم در عصری که خزانه مملکت خالی‌تر از هر دوران دیگری بود و امور جاریه کشور از طریق

استقراض از بانک‌های روس و انگلیس در قبال اعطای امتیازات فراوان انجام می‌شد. در هر حال، هرچند هزینه‌های گزاف چنین مسافرت‌هایی از محل استقراض از بیگانه و امانت‌گذاری منابع مالی کشور صورت گرفته و مستقیماً بر خزانه و جیب مردم فشار وارد می‌کرد، لیکن ره‌آوردهای سفر فرنگ چندان هم بی‌اهمیت نبود.

ظاهراً بنا به توصیه پزشکان انگلیسی معالج شاه، اولین سفر مظفرالدین شاه، روز دوازدهم ذیحجه سال ۱۳۱۸ ه.ق /۲۳ فروردین ۱۲۷۹/ ۱۲ آوریل ۱۹۰۰ م به کشورهای روسیه، اتریش، سوئیس، آلمان، بلژیک و فرانسه و چشمه‌های آبگرم آلپ صورت گرفت. این سفر، که هزینه آن به تعبیر ناظم‌الاسلام: «صرف ملاهی و ملاعب شد» جز ایجاد نارضایتی و خروش مردم در غیاب شاه، هیچ ثمری نداشت. از وقایع مهم این سفر سوءقصد به جان مظفرالدین شاه در شهر پاریس بود، تروری که به دلیل ناتوانی ضارب، آسیبی به شاه وارد نکرد.

خوشبختانه، از گزارش این سفر دو کتاب در دست است: یکی سفرنامه مبارکه شاهنشاهی که ظاهراً از زبان شخص مظفر الدین شاه، اما در واقع به قلم یکی از منشیان دربار نگاشته شده و در سال ۱۳۲۱ ه.ق در بمبئی چاپ شده است و آن دیگری سفرنامه ظهیرالدوله است که توسط میرزا علی خان ظهیرالدوله (۱۲۸۱-۱۳٤۲) داماد ناصرالدین شاه نگاشته شده است. او که در این سفر جزء ملازمین مظفرالدین شاه بود، وقایع سفر را از پنجشنبه دوازدهم ذی حجه ۱۳۱۷ تا یکشنبه دوم شعبان ۱۳۱۸ ق. ثبت و ضبط کرده است.

در سفر دوم مظفرالدین شاه به اروپا که بلادرنگ و در ذیحجه سال ۱۳۱۹ / ۱۹۰۱ صورت گرفت، کشورهای روسیه و اروپایی از جمله: اتریش، پروس، بلژیک، فرانسه، ایتالیا و سرانجام مقصد نهائی انگلستان مورد بازدید شاه و هیات همراه قرار گرفتند. در این سفر، که به بهانه معالجه و مداوای رماتیسم شاه صورت گرفته بود، شاه بیمار اما خوشگذران به جز عکاسی از اماکن و مناظر مختلف، رفتن به مجالس رقص درباری، کنسرت، اپرا و دیگر نمایش‌ها، کار دیگری نداشت. او روزها را به نطق‌هایی گوش می‌کرد که در مراسم رسمی به افتخار حضورش خوانده می‌شد و شب‌ها را به بیان مشاهدات و خاطرات خود به منشی خویش فخرالملک می‌گذراند. خاطره‌هایی که هم در زمان حیات شاه و هم در سال ۱۳۶۱ شمسی در قالب کتاب منتشر شد. ظاهراً اقلامی چون: ماشین بستنی‌ساز، دیگ برقی خوراک‌پزی، دوربین عکاسی، تلفن، ساعت طلا، کالسکه دونفره و تفنگ شکاری نیز از سوغاتی‌های این سفر بوده است .

سفر سوم شاه قاجار در ربیع الثانی ۱۳۲۳ / خرداد ۱۲۸۴/ ژوئن ۱۹۰۵، در معیت جماعتی پنجاه نفره از خدم و حشم درباری به مقصد اتریش، فرانسه، بلژیک و روسیه صورت پذیرفت. سفری که با دریافت وام ۲۹۰ هزار لیره‌ای از بانک شاهی انگلیس و بدون هیچ دستاورد سیاسی مهمی طی صد روز شکل گرفت. تنها چند دستگاه تلفن، یک دوربین سینماتوگراف، یک دستگاه ضبط و پخش صدا و نیز دستگاهی برای نمایش تصاویر غیرمتحرک، سوغات این سفر بود. که آن هم برای دربار تدارک دیده شده بود. گرچه اعلم الدوله ثقفی گزارش این سفر سوم را نگاشت، اما ظاهراً به دلیل وقوع انقلاب

مشروطه و هراس از تشدید اعتراضات مردمی، دربار از چاپ آن خودداری کرد.

اوقات خوش سفر مظفرالدین شاه در اتریش

گرچه برنامه مسافرت به کشورهائی چون: روسیه، آلمان و انگلستان، عمدتاً با دیدارهای سیاسی و گفتگوهای دیپلوماتیک و مراسم خشک و بی‌روحی چون سان دیدن از رژه ارتش و بازدید از کارخانه‌ها همراه بود، اما برنامه‌های سفر در کشورهایی چون اتریش و فرانسه از تفنن و جذابیت‌های بیشتری برخوردار بود و اوقات خوشی را در سالن‌های تئاتر و موسیقی برای هیات ایرانی ایجاد می‌کرد. به ویژه که مظفرالدین شاه نیز همانند پدر تاجدارش، علاقه‌ای وافر به موسیقی و هنرهای نمایشی داشت و از مراسم رایج استقبال و پذیرائی از مهمانان خارجی و فرمانروایان، با برنامه‌های شاد و مفرح موزیکال لذت وافر می‌برد. گرچه یک بار اعتراف کرده بود که به باله بیشتر علاقه دارد تا به اپرا.

به هر حال، در جریان سفر مظفرالدین شاه به اتریش و به ویژه اقامتش در دو شهر وین و بوداپست، آئین پذیرائی از شاه ایران با ویژگی‌های خاص و قابل توجهی همراه بود که در این جا و بر پایه اسناد رسمی دولت اتریش به صورت جزئی و مستند بدان می‌پردازیم:

وین: ۲۰ سپتامبر ۱۹۰۰

ساعت ٤٥: ٥ روز پنجشنبه ۲۵ جمادی‌الاول ۱۳۱۸ هـ.ق، پنجمین شاه دودمان قاجار به همراه هیات همراه و با استقبال بسیار گرم دولت اتریش وارد ایستگاه راه آهن شهر وین شد. شهر وین تختگاه امپراتوری اتریش-مجارستان، نخستین مقصد اروپائی شاه، بعد از سفر به روسیه بود و مسئولین دولت اتریش، برای هرچه بهتر شدن دوره اقامت و لذت بردن شاه ایران، برنامه‌های متنوعی را تدارک دیده بودند. از جمله بردن هیات ایرانی به تئاتر پاره Parè، که در آن نوعی نمایش بی کلام اجرا می‌شد و غالباً، حرکت و رقص و موسیقی عناصر اصلی این نوع نمایش بودند.

K. k. Österreichische Staatsbahnen.

Fahrordnung

für den

Hof-Sonder-Zug

Seiner Majestät des Schah von Persien

von Marienbad nach Wien

am 20. September 1900.

Stationen	Lage der Aufnahms-Gebäude	Ankunft St.	Ankunft M.	Aufenth. M.	Abfahrt St.	Abfahrt M.	Anmerkung
Marienbad	links	Vormittags			7	39	
Pilsen	links	9	18	8	9	26	
Strakonitz	links	11	17	4	11	21	
Budweis	rechts	12	43	5	12	48	
Neudorf H.	rechts	1	01	30	1	31	Déjeuner
Gmünd	links	2	27	5	2	32	
Göpfritz	rechts	3	29	4	3	33	
Wien K. F. J. B.	rechts	5	45	Nachmittags			[illegible]

سند شماره ۱. برنامه قطار مظفرالدین شاه به وین

به هرحال، شاه بعد از خروج از ایستگاه راه‌آهن وین، با استقبال رسمی رجال سیاسی و شخص رئیس پلیس وین به سمت هتل محل اقامتش به نام "هوف بورگ" مشایعت شد. استقبال از شاه ایران به حدی رسمی و باشکوه بود که به دستور امپراتور اتریش از ایستگاه قطار مرکزی وین تا هتل محل اقامت، سان نظامی در دو طرف خیابان

تدارک دیده شده بود. یک سان نظامی به صورت نمایشی و هماهنگ که کل مسیر را پوشش می‌داد. شب بیستم را شاه ایران در هتل استراحت می‌کند تا آماده مراسم و برنامه‌های خاص روز بیست‌ویکم شود.

نکته قابل تامل این که بنا به رسم و سنت همیشگی شهر موسیقی و هنر یعنی وین، اجرای موسیقی جزء عناصر جدانشدنی مراسم‌های رسمی بود و با توجه به اشراف مهمانداران اتریشی به فرهنگ و زبان شرقی، در صدد برآمده بودند تا هرگونه برنامه مفرحی و هنری که برای شاه و اطرافیان در نظر گرفته شده، به نحوی باشد که در حد حوصله جمعی ایرانی‌ها و قابل فهم باشد.

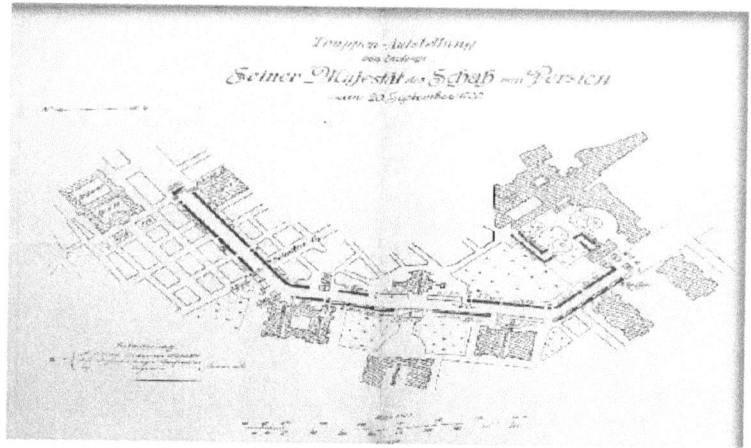

سند شماره ۲-.خطوط قرمز نشان دهنده اسکان سربازان اتریشی برای اجرای نمایش‌های نظامی بوده است

وین: ۲۱ سپتامبر ۱۹۰۰

روز جمعه، شاه و ملازمان بعد از استراحت و انجام پاره‌ای امور، برای شرکت در مراسم شام آماده شدند. مراسمی که به تعبیر شاه: «الحق..بسیار عالی مزین و باشکوهی بود.» طبق برنامه، مهمانی شام گالا در کاخ شامبرون و در معیت شخص امپراتور فرانس ژوزف دوم(۱۸۴۸-۱۹۱۶) و هیات‌های سیاسی همراه، حدود ساعت ۵ برگزار می‌شد و قرار بود بعد از شام، سران بلندپایه اتریش، پادشاه ایران را مشایعت نمایند تا در تئاتر پاره به تماشای موسیقی و نمایش بنشیند. نکته مهم آن بود که امپراتور اتریش برای ادای احترامات فائقه نسبت به شاه ایران و هیات همراه، نمایش پاره یا برنامه رقص و آواز

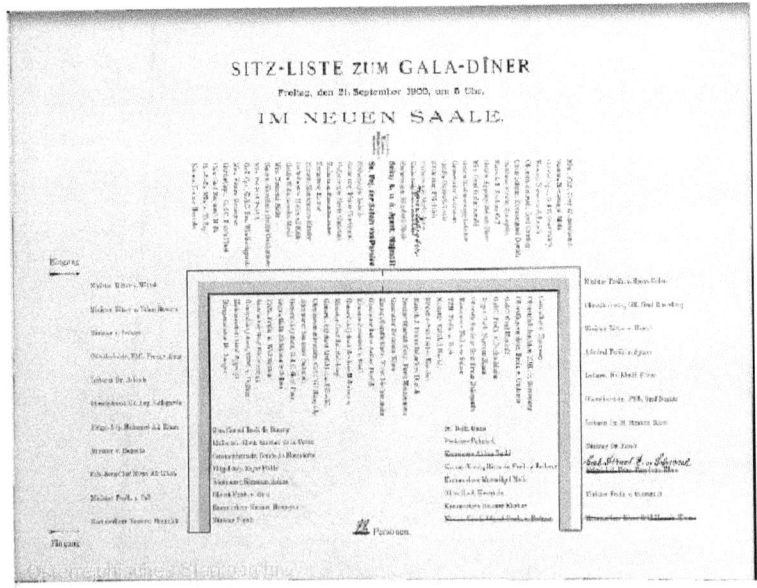

SITZ-LISTE ZUM GALA-DÎNER

Freitag, den 21. September 1900, um 5 Uhr,

IM NEUEN SAALE.

سند ۳- لیست مهمانان شام در قصر گالا

توامان با موسیقی و نمایش را تدارک دیده بودند، تا ضمن جذاب کردن برنامه، تماشای مراسم برای هیات ایرانی دلچسب و خوشایند جلوه کند. اما مهم‌تر آنکه در سفرنامه مظفرالدین شاه از این مراسم جنبی هیچ گزارشی داده نشده است و تنها می‌توان به استناد اسناد دولتی اتریش از آن آگاهی یافت.

در ضیافت شام که به میزبانی امپراتور برگزار شد، به غیر از سران و سیاسیون دولت اتریش، رجال سیاسی دولت قاجار حضور داشتند. البته از میان ۲۵ نفر رجال و مسئولین سیاسی و خدماتی ملازم مظفرالدین شاه، نظیر: امین‌السلطان، حکیم الملک، ظهیرالملک، موثق‌الدوله، مفخم‌الدوله، مشیرالملک، و چند وزیر دیگر و نیز افرادی چون: صنیع‌السلطنه عکاس‌باشی، ناصر همایون رئیس موزیکان خاصه، ندیم‌السلطان مترجم‌باشی و شماری دیگر، تنها ۱۶ نفر در این مراسم حاضر بودند.

بعد از صرف شام، هیات ایرانی در کاخ شمبرون از اجرای نمایش و موسیقی برنامه باله لذت بردند. آنچه برای شاه و اطرافیان در تئاتر پاره تدارک دیده شده بود، با فکر و تدبیر قبلی و بر پایه شناخت مهمانداران از گروه ایرانی و سلیقه شرقی آنها بود. به همین منظور با نگاهی به برنامه تئاتر پاره می‌توان فهمید که عنصر حرکت یعنی رقص، باله، حرکات نمایشی و... در اکثر این برنامه‌ها دیده می‌شود. به خصوص مطابق سند شماره ۵ می‌توان فهمید که باله در قسمت اعظم نمایش‌های تئاتر پاره گنجانده شده است.

Musik-Programm.

1.	**Ouverture** zur Oper: „Mignon“	von *A. Thomas.*
2.	**„In lauschiger Nacht“**, Walzer	„ *C. M. Ziehrer.*
3.	**„Hymne“**	„ *G. Palestrina.*
4.	**„Persische Weisen“**	„ *A. Lemaire.*
5.	**„Morgenblätter“**, Walzer	„ *J. Strauss.*
6.	**Fantasie** aus der Oper: „Manon“	„ *J. Massenet.*
7.	**„Libelle“**, Polka-Mazur	„ *Jos. Strauss.*
8.	**„Serenade rococo“**	„ *E. Meyer-Helmund.*
9.	**Fragmente** a. d. Operette: „Die Schöne von New-York“	„ *G. Kerker.*
10.	**„Carnevals-Depesche“**, Polka française	„ *G. Mahr.*

Wien, 21. September 1900.

سند ۴.- برنامه موزیک و رقص در کاخ گالا : ۲۱ سپتامبر برای شاه ایران

نکته مهم و قابل تامل آن است که اجرای چنین برنامه‌های هنری، نه تنها بر ذهن و روان شاه قاجار که بر تعدادی از ملازمین فرهیخته همراه او نیز اثرگذار و نتیجه‌بخش بود. در میان مهمانان ایرانی مراسم

گالا و یا نمایش‌هایی که در تئاتر پاره انجام شد، شخص ظهیرالدوله نیز حضور داشت.

SONNE UND ERDE.

Ballet in vier Bildern von **F. Gaul** und **J. Hassreiter.**
Musik von **J. Bayer.**

Allegorie.

Der Weltgeist . . . . Hr. *Rumpel.*
Die Sonne . . . . Frl. *Krauss.*
Der Herold des Frühlings.
Die Rose.
Die Aehre.
Die Rebe.
Die Eisblume.

1. Bild: **„Im Fliederhain."**

Ein Naturforscher . . . . Hr. *Godlewski.*
Ein Dichter . . . . Hr. *van Hamme.*
Eine Gouvernante . . . . Frl. *Ellend.*
Ein Pensionatsfräulein . . . . Frl. *Schleinzer.*
Ein Gärtnerjunge . . . . Frl. *Braun E.*
Zöglinge eines Mädchenpensionates.

2. Bild: **„Am Meeresstrande".**

Badegäste, Zigeuner, Matrosen, Dienerschaft.

3. Bild: **„Von Berg zu Thal."**

Der Graf . . . . Hr. *Godlewski.*
Die Comtesse . . . . Frl. *Schleinzer.*
Der Baron . . . . Hr. *Linder.*
Der Wirth . . . . Hr. *Rumpel.*
Dessen Frau . . . . Frl. *Graselli.*
Ein Festordner . . . . Hr. *Rathner A.*
Cavaliere, Jäger, Winzer und Winzerinnen.

4. Bild: **„Der Hochwald im Winter."**

Genien des Waldes.
Eismänner.

Vorkommende Tänze:

1. **Frühlingsreigen:** Frl. Schleinzer, Braun E., Ellend, die Herren Godlewski, van Hamme, die Damen des Balletcorps und die Elevinnen.
2. **Spanischer Nationaltanz:** Frl. Erich, Herr Rathner F. und die Herren vom Balletcorps.
3. **Galopp:** Frl. Erich, Herr Rathner F. und die Damen vom Balletcorps.
4. **Tanz der Winzer und Winzerinnen:** Frl. Schiesswald, Weigang, Gerzhofer, Konnert, die Herren Raimund, Zaika, Dubois, Fränzl Ph. und das Balletcorps.
5. **Pas de deux:** Frl. Sironi und Herr Gaerra.
6. **Tanz der Genien des Waldes:** Frl. Konnert, Schiesswald, Gerzhofer, Seel, Kohler, Wopalenski, die Damen des Balletcorps und die Elevinnen.

VERGISSMEINNICHT.

Tanzmärchen in drei Bildern von **H. Regel** und **Otto Thieme.**
Musik von **Richard Goldberger.**

Victoria regia . . . . Frl. *Schleinzer.*
Prinz Waldmeister . . . . Frl. *Kohler.*
Maja, ein Veilchen . . . . Frl. *Sironi.*
Stiefmütterchen . . . . Fr. *Paglero.*
Rittersporn, Oberst . . . . Hr. *Rathner F.*
Goldregen, Bankier . . . . Hr. *Zaika.*
Marguerite, Wahrsagerin . . . . Frl. *Erich.*
Kamillenthee, Arzt . . . . Hr. *van Hamme.*
Mohnblüthe, dessen Gehilfin . . . . Frl. *Braun E.*
Klatschrose . . . . Frl. *Graselli.*
Maiglöckchen, Dirigentin einer Damenkapelle Frl. *Krauss.*
Schachtelhalm, Festordner . . . . Hr. *Raimund.*
Ceremoniär . . . . Hr. *Rumpel.*

Blumen des Feldes und der Wiese, der Seen und Berge.
Spielt in einem Wundergarten an einem Märchensee.

Vorkommende Tänze und Gruppirungen.

1. **Liebeswerben:**
   a) Polka: Frl. Sironi und Kohler.
   b) Rêverie: Frl. Sironi.
2. **Die Wasserrosen:** Frl. Schleinzer und das Balletcorps.
3. **Die Klatschrosen:** Frl. Graselli, Ellend und das Balletcorps.
4. **Die Gänseblümchen:** Die Elevinnen.
5. **Nachtschatten-Walzer:** Frl. Sironi und das Balletcorps.
6. **Liebesorakel:** Frl. Erich.
7. **Glockenpolka:** Frl. Krauss, Gerzhofer, Kramer, Schreiter, Braun Th., Weigang und Berger O.
8. **Schlummertanz:** Frl. Braun E.
9. **Die Sonnenblumen:** Das Balletcorps.
10. **Einzugsmarsch:** Frl. Sironi, Schleinzer, Kohler, Graselli, Fr. Paglero, die Herren van Hamme, Rathner F., Raimund, Zaika, Rumpel und das Balletcorps.
11. **Das vierblätterige Kleeblatt:** Frl. Konnert, Seel, Peterka und Spalter.
12. **Tanz der Hochzeitsmädchen:** Das Balletcorps.
13. **Schuhplattler:** Alpenrose: Frl. Wopalenski, Edelweiss: Frl. Schiesswald, Enzian: Frl. Pellar und Erich.
14. **Variation:** Frl. Sironi.
15. **Hochzeitstanz:** Frl. Sironi, die Solistinnen, die Koryphäen und das gesammte Balletcorps.
16. **Die Blumenuhr:** Die Elevinnen.
17. **Vergissmeinnicht:** Frl. Schleinzer, das Balletcorps und die Elevinnen.

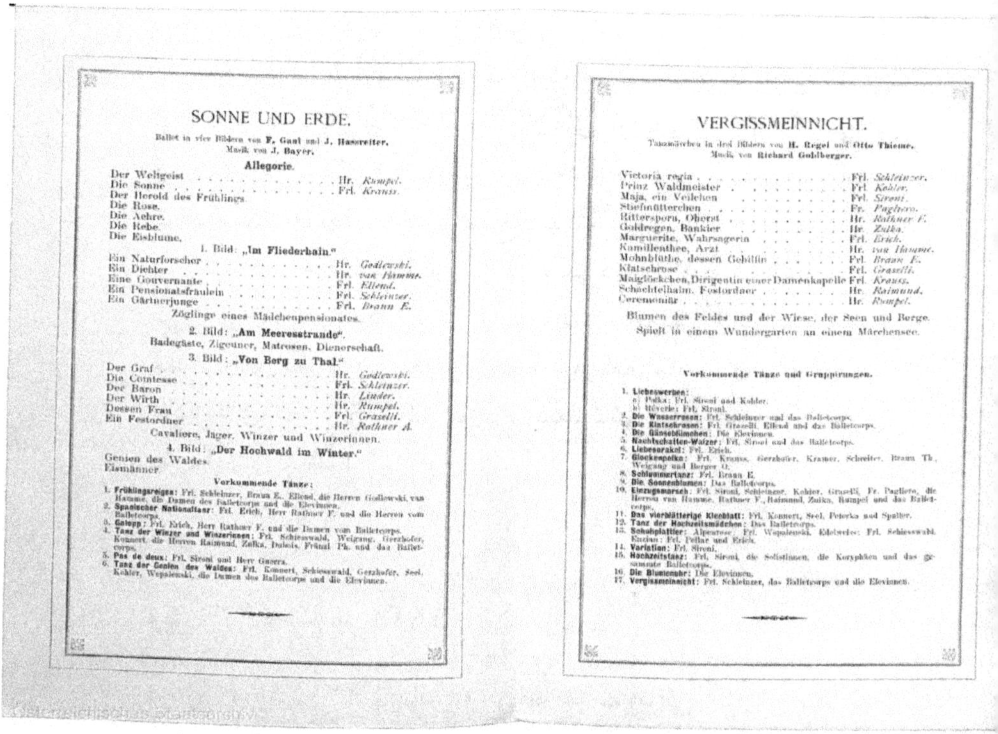

سند ۵- برنامه تدارک دیده شده برای حضور شاه ایران در تئاتر پاره ۲۱ سپتامبر ۱۹۰۰

همان شخصیتی که علاقه خاصی به نمایش و صد البته تعزیه داشت و در اجراهای تعزیه در تکیه دولت و دیگر تکایا، اکثرا از سیاسیون غربی برای تماشای تعزیه دعوت می‌کرد. حتی ادعا شده که او نویسنده

پیس‌هائی بود که در منزل وی با عنوان انجمن اخوت نمایش داده می‌شد.[1]

شخصیت برجسته دیگر، مرتضی قلی‌خان صنیع‌الدوله (۱۲۷۳-۱۳۲۹) بود؛ دانش‌آموخته دارالفنون که خود مدت‌ها در اروپا زندگی می‌کرد و به دلیل آشناییش با زبان‌های اروپایی چون انگلیسی و فرانسوی، در پیدائی و گسترش هنر ترجمه در دوره قاجار نقش ایفاء کرده است. همچنین احمد صنیع‌السلطنه مدیر عکاسخانه دارالفنون نیز جزء همراهان بود. کسی که در سفر دوم شاه به فرنگ، پسرش میرزا ابراهیم‌خان عکاس‌باشی را نیز همراه خویش و در بین هیات همراه جای داد و این پدر با چاپ سفرنامه شاه و آن پسر با تهیه عکس‌های متعدد از مناطق مورد بازدید، تاثیر زیادی بر جریان هنری دوره قاجار گذاشتند.[2]

وین: ۲۳ سپتامبر ۱۹۰۰

درباره روز شنبه ۲۲ سپتامبر و برنامه هیات ایرانی، گزارش سفرنامه مبارکه حاکی از آن است که شاه قاجار بعد از تماشای قورخانه وین و صرف ناهار در سفارتخانه ایران در آن شهر، در ساعت ۷ بعد از ظهر به ضیافت شام ولیعهد اتریش دعوت بود و نیم ساعت بعد، به همراه

[1] ملک‌پور، جمشید (۱۳۶۳). *ادبیات نمایشی در ایران*، ج۲، دوران انقلاب مشروطه، تهران: توس، ص.۲۰۶.

[2] ذکاء، یحیی (۱۳۷۶). *تاریخ عکاسی و عکاسان پیشگام در ایران*، تهران: علمی و فرهنگی، ص.۳۷۴.

امپراتور به تماشای اپرا نشست. اپرایی که: «بازی عقل و جهل بود... واقعا اپرای وین را نمی‌توان گفت از جاهای دیگر پست‌تر است، بلکه بپاره جهات مزیت دارد.»[۳]

اما در ساعت ۹:۳۰ صبح روز ۲۳ سپتامبر، مظفرالدین شاه با هیات همراه به منطقه‌ای سرسبز از حومه شهر وین رفت تا به شکار بپردازد. مراسم شکار خسته‌کننده بود و طبعاً هیات ایرانی باید نیمه روز را در هتل به استراحت می‌گذراند. اما برنامه تفریحی بعد از ساعت شش بعد از ظهر و طبق برنامه تنظیم شده قبلی برای صرف شام بود که شاه ایران مهمان امپراتور اتریش و جمعی از سیاسیون وین بود. سپس، در ساعت ۷ آتش‌بازی شروع شد. مراسمی بسیار قابل توجه و پر ابهت برای ایرانیان؛ به ویژه زمانی که مسحور صدا و نورپردازی شده و از تماشای رنگین شدن پهنه آسمان شگفت‌زده می‌شدند. مراسم در یکی زیباترین قسمت‌های کاخ سلطنتی شمبرون واقع بر روی تپه و در پشت ساختمان بسیار زیبا و مجلل گلوریت (Gloritte) برگزار می‌شد و تمامی مردانی که در مراسم حضور داشتند بایستی لباس رسمی با پاپیون می‌داشتند.

---

[۳] مظفرالدین شاه (۱۳۲۱ق). *سفرنامه مبارکه شاهنشاهی*، بمبئی، مطبعه مصطفایی.

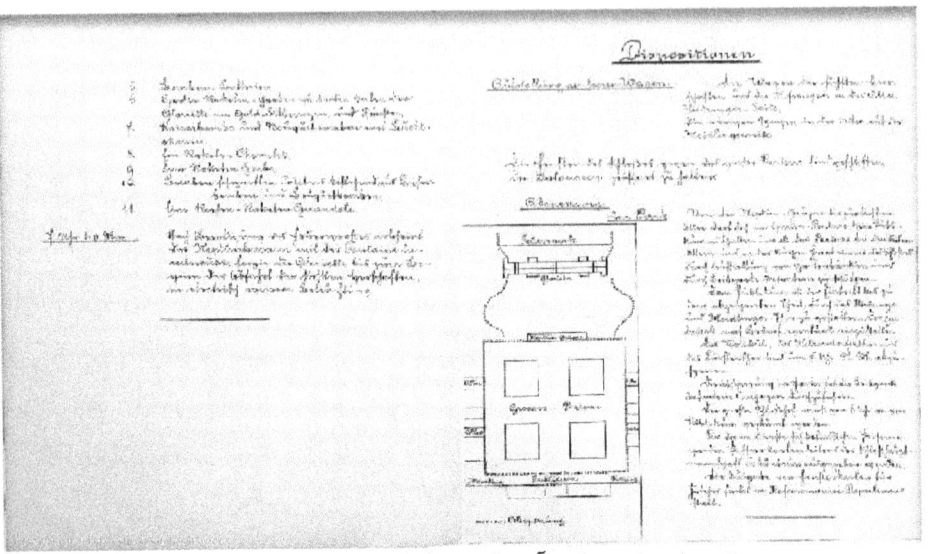

Dispositionen

سند ۶-برنامه دقیق مراسم آتش‌بازی در کاخ شمبرون: ۲۳ سپتامبر

آتش‌بازی با یک نور سفید بسیار غلیظ در ساعت هفت آغاز شد و پانزده دقیقه بعد، رنگ سفید کم‌کم محو شد و جایش را به چندین و چند رنگ داد، گویی آسمان نقاشی شده بود. تا سرانجام، در ساعت هفت‌وبیست‌وپنج دقیقه آتش‌بازی بالای تپه به اوج خود رسید. نکته جالب آن‌که بر مبنای گزارش سند شماره شش، مکان دقیق افراد اجرا کننده و محل استقرار کالسکه‌ها و نام تمامی ترقه‌ها به صورت دقیق ثبت شده بود.

البته، پیشتر، یعنی در اگوست ۱۹۰۰ و در جریان همین سفر نخست مظفرالدین شاه، مراسم موسیقی و آتش‌بازی در کاخ الیزه پاریس در فرانسه انجام شده بود که با ابتکار مهمانداران فرانسوی و خشنودی شاه همراه شده بود و حتی بعد از استماع موسیقی در نمایشگاه

پاریس، شاه باذوق و سرخوش قاجاری دستور به خرید ساز چنگ داد.[4]

بوداپست: ۲۴ سپتامبر ۱۹۰۰

مقصد بعدی بوداپست پایتخت مجارستان بود. کشوری که به اتریش ملحق شده و امپراتوری اتریش- مجارستان را تشکیل می‌داد. مظفرالدین شاه ساعت ۱۰: ۱۱ دقیقه صبح روز دوشنبه ۲۴ سپتامبر ۱۹۰۰ با هیات همراه و به وسیله قطار از وین وارد بوداپست شد و پس از مراسم استقبال توسط "آرشیدوک ژوزف اگوست"، فرمانروای مجارستان و همراهان او، به محل اقامت، هتل "هونگاریا" رفت.

[4] کوریلن (۱۳۵۰). "*بدایع وقایع نخستین سفر مظفرالدین شاه به اروپا*"، مجله وحید، سال ۱۰، شماره ۷، صص ۱۲۳۹-۱۲۵۴.

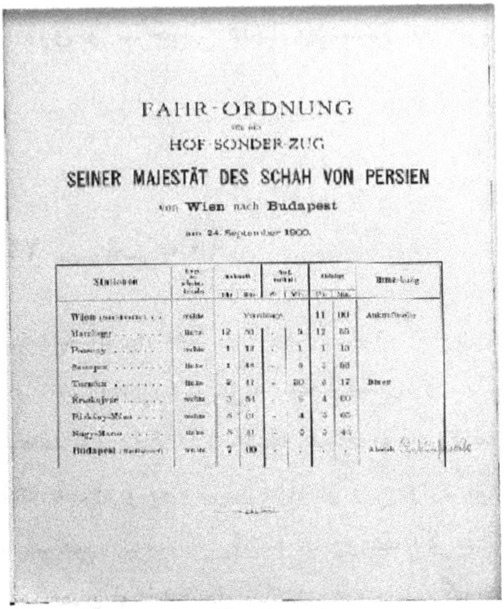

FAHR-ORDNUNG

für den

HOF-SONDER-ZUG

SEINER MAJESTÄT DES SCHAH VON PERSIEN

von Wien nach Budapest

am 24. September 1900.

Stationen	Lage des Aufnahms-gebäudes	Ankunft Uhr	Ankunft Min.	Aufenthalt St.	Aufenthalt Min.	Abfahrt Uhr	Abfahrt Min.	Bemerkung
Wien (Staatsbahnhof)	rechts	Vormittags				11	00	Ankunftseite
Marchegg	links	12	30	.	5	12	35	
Pozsony	rechts	1	12	.	1	1	13	
Szempcz	links	1	48	–	[illegible]	[illegible]	[illegible]	
Tornócz	links	2	47	–	30	3	17	Diner
Érsekújvár	rechts	3	54	–	6	4	00	
Párkány-Nána	rechts	5	01	–	4	5	05	
Nagy-Maros	links	5	41	–	[illegible]	5	[illegible]	
Budapest (Westbahnhof)	rechts	7	00	–	.	.	.	Abends

سند۷- برنامه سفر قطار شاه به بوداپست

در مورد برنامه پذیرائی این روز از مسافرت، دو روایت متفاوت از دو سند مختلف وجود دارد: در اسناد شماره ۸ که توسط میزبان اروپائی و چندین روز قبل از آمدن شاه، به زبان فرانسوی نوشته شده، دست‌کم چهار مورد وجود دارد که کمی شک‌برانگیز است. این‌که آیا تمامی این برنامه‌ها بعد از ورود شاه اتفاق می‌افتد یا خیر؟

دومان ریاضی

Programme détaillé de la visite de quelques édifices et instutitions publics de Budapest, à présenter à Sa Majesté le Shah de la Persie.

I.

Le 25 septembre 1900 à 10 heures du matin Sa Majesté part de l'hôtel Hungaria, en traversant la rue Marie Valerie, la place Ferenc Józsof et la rue de l'Académie, pour visiter le nouveau parlament, où seront présents pour la réception de Sa Majesté: le Chef du Cabinet, le Secrétaire d'État M. Joseph de Tarkovich président du Comité exécutif, l'architecte M. Emericus Steindl et le conseiller ministériel M. Béla Ney. Après l'inspection de la halle de voute et des loges donnant sur le Danube, Sa Majesté part avec sa suite en voiture au Chemin de fer électrique subterrané „Ferenc József", gare de la place Gisella. Ici Sa Majesté sera reçu par le Ministre de commerce M. Alexandre de Hegedüs, le Secrétaire d'État M. François Nagy, le Conseiller ministériel M. Louis Mándy, le président de la société de chemin de fer M. Joseph Lukács et les directeurs M M. Dr. Joseph Hüvös, Henri de Jellinek, Dr. Alexandre Orszag, Adolphe Wörner et Dr. Arture Jellinek. Après avoir inspecté la gare et où les explications éventuelles — durant lequel temps les voitures de Sa Majesté et de sa suite seront conduites à la gare, „Jardin zoologique" — Sa Majesté occupera avec sa suite à 11 heures et quart les quatres vagons qui les attendront. Aussitôt que le premier vagon occupé par le Chef de la police royale hongroise et par deux membres de la direction de la société, sera parti et son arrivée à la gare „Place Deák" signalée, le second vagon avec Sa Majesté, sa suite, le Chef du Cabinet, le ministre de Commerce et le Président de la société, sera mis en route simultanément avec le 3ème vagon y ajouté portant le reste de la suite de Sa Majesté, tandis que le 4ème vagon partira deux minutes après avec le reste de la suite. Excepté le premier vagon, les autres vagons s'arréteront une minute à la gare „Octogone".

Arrivé à le gare „Jardin zoologique" Sa Majesté prendra place, avec sa suite, dans les voitures, y arrivés dans l'entretemps et partira au Musée de commerce en traversant le pont qui mène à l'île. A l'entrée du Musée les hôtes seront reçus par le conseiller ministériel M. Joseph Szterényi, le directeur M. Aladár de Lakatos et le conseiller de section M. Colomannus de Vértessy. L'inspection de cet institut finie, Sa Majesté passera avec se suite au Musée de communication, où il sera reçu par les conceillers ministériels M. M. Louis Schober, Joseph Robicsek et Kajetán Banovits. Dans tous les deux musées Sa Majesté sera guidé par le ministre de commerce. La visite finie Sa Majesté se mettra en voiture pour se rendre à ses appartements par les boulevards Stephanie et Andrássy, par la place Deák et la rue Deák Ferencz, et y arrivera à une heure après midi.

II.

Le 25 septembre à 3 heures de revelée. Sa Majesté fera une promenade en voiture accompagné par le Chef du Cabinet, en traversant la suivante route: Rue Kis-híd, rue Deák Ferenc, Boulevard Károly, Boulevard Museum, Boulevard vámház le Pont François Joseph, Boulevard Attila, rue Aladin, Cour du Palais royal. Ici Sa Majesté visitera les diverses parties du Palais Royal et se rendera à pied avec sa suite jusqu'à la porte grillée du Quai Jardin royal en traversant le jardin. Ici Sa Majesté sera attendu par les voitures et retournera à 5 heures à l' hôtel en traversant le pont suspendu et la rue Marie Valérie.

سند ۸. برنامه دستنویس دیدار شاه از بوداپست

۱ .همه افعال در زمان آینده بیان شده است و مشخص می‌دارد که برنامه‌ریزی قبل از آمدن گروه ایرانی و از طرف مسئولان اجرایی در بوداپست برای ورود شاه در نظر گرفته شده، از قرار ملاقات‌ها تا بستن خیابان‌ها برای تردد هیات ایرانی.

۲. وجود ضربدرهای قرمز و آبی در سند، این احتمال را که بعضی از این برنامه‌ها حذف شده یا به کل تغییر کرده‌اند را، قوت می‌بخشد.

۳. سند شماره ۸ نشان می‌دهد شاه در همان روز به دیدن یک اپرا با دستمایه و محتوای شرقی رفته، اپرائی که از مدت‌ها قبل نامه‌نگاری‌های آن انجام شده بود.

۴. در آخر سند شماره ۸ نوشته‌ای با مداد وجود دارد که معلوم است بعدها نوشته شده است. در این نوشته، اشاره مختصری به برنامه سه روزه شاه شده و جز به غذا خوردن، گردش در فضای سبز و نمایش شبانگاه به چیز دیگری اشاره نشده است.

با وجود چنین تناقضی، این احتمال هست که همه اتفاقات این سندها رخ داده باشد.

بوداپست: ۲۵ سپتامبر ۱۹۰۰

آن‌چه در این روز بر شاه ایران گذشت، چندان در اسناد اتریشی انعکاسی ندارد. مگر نامه‌ای (سند شماره ۹) که بین نخست‌وزیر مجارستان و مسئول امور اجرای پذیرائی از شاه در بوداپست رد و بدل

شده است و حکایت از آن دارد که شاه ایران در ساعت ۷:۳۰ عصر روز ۲۵ سپتامبر در خانه اپرای بوداپست حاضر شده و از لژ مرکزی، به نظاره یک باله با مضمون کاملا شرقی به نام زلیخا می‌نشیند. نکته مهم و جالب توجه هم، جابجایی ساعت اجرا به خاطر حضور شاه بود. در سند مذکور آمده که اعلیحضرت شاه در بالکن بزرگ روبروی صحنه نشسته بودند.

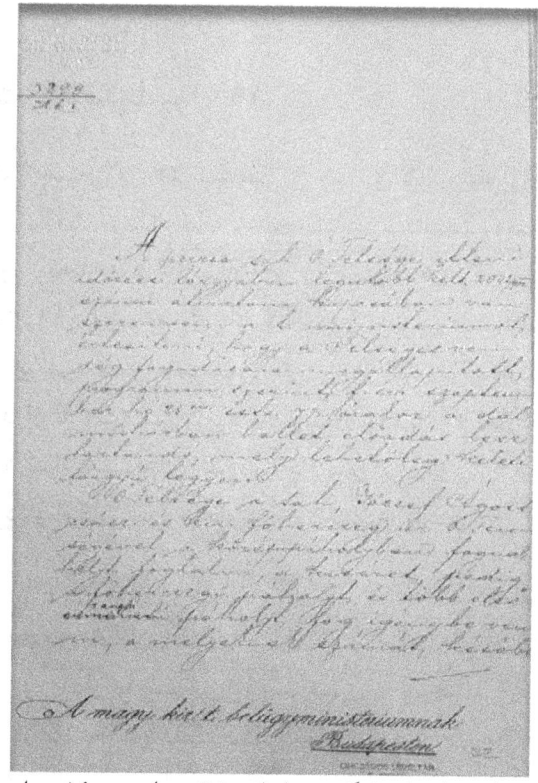

A magy. kir. t. belügyministeriumnak
Budapesten

سند۹-. برنامه شاه برای شرکت در اپرا در ۲۵ سپتامبر ۱۹۰۰ بوداپست

اما بر طبق گزارش مندرج در سفرنامه مبارکه، گردش سواره در خیابان‌ها و معبر بوداپست، برنامه روزانه شاه بود. اما در شامگاه طبق روال همیشه، بعد از صرف شام، استماع موسیقی مجاری و تماشای تئاتر و رقص دختران، شاه را متلذذ کرد، به قسمی که چنین نوشت: «*هر قدر بخواهیم تعریف بساط رقص و وصف تماشای آنجا را بنویسیم، از حیّز نگارش و توصیف خارج است.*»[۵]

بوداپست: ۲۶ سپتامبر ۱۹۰۰

در ساعت ۹ صبح روز ۲۶ سپتامبر/ ۱ جمادی‌الاخر شاه از هتل خارج شده و به بازدید از کارخانه اسلحه‌سازی بوداپست رفت. در این بازدید وزیر تجارت مجارستان او را همراهی می‌کرد. سپس، در ساعت ۱۱:۳۰ به موزه ملی و کلکسیون هنر بوداپست رفته و با استقبال وزیر فرهنگ و مدیر موزه ملی روبرو شد. در ساعت ۲ بعد از ظهر و بعد از گردشی در جزیره مارگریت، شاه به هتل بازگشت. طبق مستندات، تمام مسیرهای عبوری پادشاه ایران، برای مردم عادی مسدود بوده و امکان عبور و مرور وجود نداشته است.

همچنین براساس گزارش اسناد، حرکت به سمت میدان "فرانتس ژوزف" واقع در خیابان آکادمیا برای دیدن ساختمان جدید پارلمان مجارستان و دیدار با شماری از سیاسیون و منجمله وزیر تجارت مجارستان از برنامه‌های دیگر مظفرالدین شاه بود. در این‌جا استقبال

---

[۵] مظفرالدین شاه (۱۳۲۱ق). *سفرنامه مبارکه شاهنشاهی*، بمبئی، مطبعه مصطفایی، ص.۲۰۶.

بسیار رسمی و درخوری از شاه شد. به نحوی که مدیر اجرایی فرمانروای مجارستان شخصا به پیشواز شاه ایران آمده و او را در ادامه مسیرش همراهی نمود. سپس، با همراهی مهمانداران عالی مقام، ایستگاه قطار "جیزلا" و ایستگاه مترو باغ وحش بوداپست مورد بازدید قرار گرفت. بازدیدی که تماماً به وسیله قطار انجام شد، اما در سفرنامه مبارکه از آن سخنی به میان نیامده است.

مطابق اسناد موجود، تمامی بازدیدکنندگان در چهار واگن مستقر شدند: واگن اول رییس پلیس و گارد محافظ، واگن دوم شاه و مقامات بلندپایه ایرانی و مجاری و در واگن سوم و چهارم هم، خدمه قرار داشتند. در ایستگاه " جیزلا " شاه و دیگران به بازدید از چند موزه و به ویژه موزه تجارت و ارتباطات سرگرم شدند تا هنگام ظهر که مهمانان ایرانی به هتل هونگاریا بازگشتند. در حدود ساعت ۳ بعد ازظهر، شاه بر آن شد تا در معیت رئیس تشریفات دولت مجارستان به قدم زدن در خیابانهای بوداپست بپردازد و ساعت ۵ به هتل بازگردد.

بوداپست: ۲۷ سپتامبر ۱۹۰۰

سرانجام موعد رفتن شد و در ساعت ۳۰ :۱۰ صبح پنجشنبه دوم جمادی‌الاخر ۱۳۱۸ ه.ق، با بدرقه گرم فرمانروای مجارستان و مسئولین بلندپایه مجاری و در میان هیاهوی شعارهای "زنده‌باد شاه" اهالی بوداپست، مظفرالدین شاه قاجار مجارستان را به قصد صربستان و مرزهای عثمانی ترک کرد.

نتیجه

درباره علل و نتایج سفرهای خارجی پادشاهان قاجار، که در نوع خود بدیع و بحث‌برانگیز بوده است، اظهارنظرهای بسیاری صورت گرفته است. اما از یک منظر، همچون سفرهای رجال و دانشجویان ایرانی سده ۱۹م، این مسافرت‌ها نیز، در آشنائی با مظاهر تمدن و فرهنگ غرب و ظواهر مدرنیته نقش داشته است. سفر چند روزه مظفرالدین شاه قاجار و دولتمردان ایرانی به اروپا، آن هم در آستانه بحران سیاسی و اقتصادی منتهی به نهضت مشروطه، هر چند هزینه‌بردار و عشرت‌طلبانه فرض می‌شد؛ اما باعث تحریک ذوق هنردوستانه بزرگمردان سیاسی و جلب توجه ایشان به بخشی از هنرهای مغفول مانده در ایران سنتی و دین‌مدار شد. هرچند، پذیرائی مهمانداران فرانسوی یا اتریشی با مراسم فرح‌بخش و شادی‌آفرینی چون باله، اپرا، کنسرت و آتش‌بازی، به مثابه سنت متداول در تشریفات ملت‌های هنردوست اروپای مرکزی بود، لیکن مشاهده این آئین‌های هنرپردازانه در مهد تمدن غرب، مسئولین ایران را بر آن داشت تا به اقتباس از این سنن همت گمارند.

حتی اگر بپذیریم سخن ناقدان خرده‌بینی را که این‌گونه تقلید کردن‌ها را سطحی‌نگرانه و کم‌ارزش تلقی می‌کنند. باز هم، به‌روز رسانی هنرهای بصری و نمایش و موسیقی در ایران معاصر، تا حدی متاثر از این اقتباس‌ها و دنباله‌روی‌ها است. انتقال اجرای موسیقی و نمایش از محیط بسته دربارها به میان کوچه و بازار و تشدید علاقه روزافزون مردم به حضور در سالن‌های تئاتر و سینما و به‌ویژه مشاهده برنامه

رقص و آواز از نزدیک، تا حدی زیادی برگرفته از این گرایش و اقتباس بوده است.

بنیاد هنر نمایش در اسطوره‌ها و شعائر آئینی کهن ایرانی نهفته است و همچون دیگر ملت‌ها که سنت‌های هنری خود را تا امروز و در قالب کارناوال‌ها و مراسم سوگمندانه یا شادی‌آفرین دنبال می‌کنند، ایرانیان نیز، با تداوم بخشیدن به آئین‌هایی چون سوگ سیاوش، جشن آب ریزان، گاهنبارها و... از دوران معاصر با اجرای نمایش‌های محلی چونان میرنوروزی، تعزیه‌گردانی و پرده‌خوانی، هنر نمایش را همچنان زنده نگه داشتند. اما هنگامی که فضای فرهنگی ایران از تاثیر مفرط مذهب و سنت‌گرائی متحجرانه تا حدودی رهایی یافت، با سفر شاهان به دیار فرنگ، زمینه سنت‌شکنی و رهائی از یک جانبه‌گرائی و تعصب به دست آمد. افق دید ایرانی بازتر شد و هنرهای نسبتاً محدود شده و ممنوعه با رنگ و لعاب مدرن احیاء شدند.

مظفرالدین شاه قاجار به عنوان یکی از ضعیف‌النفس‌ترین شاهان تاریخ معاصر، طی سه سفر به اروپا از نزدیک شاهد ترقی و رشد تمدنی و اعتلای فرهنگی غرب بود. در اتریش به تماشای نوعی از تئاتر و مراسم جنبی آتش‌بازی و نورپردازی پرداخت که برای شخص وی تدارک دیده شده بود. شگفت‌زدگی او از توانائی چنین نمایش‌های به اصطلاح محیرالقولی، شاید باعث شده تا این شاه کودک‌صفت و ظاهربین اندکی در تمایز بین معیارهای توسعه در ایران با اروپا تامل و تدبری کرده باشد و از همین رهگذر به فکر تغییر اوضاع برآمده باشد.

سفر اروپائی مظفرالدین‌شاه و ره‌آورد هنری آن

منابع

۱. ناصرالدین شاه (۱۳۷۷). روزنامه خاطرات، در سفر اول فرنگستان، به کوشش فاطمه قاضیها، تهران: کتابخانه ملی و مرکز اسناد.

۲. سیاح، محمدعلی (۱۳۶۳). سفرنامه حاج سیاح، تصحیح علی دهباشی، تهران: سخن.

۳. ذکاء، یحیی (۱۳۷۶). تاریخ عکاسی و عکاسان پیشگام در ایران، تهران: علمی و فرهنگی.

۴. رایت، دنیس (۱۳۶۸). ایرانیان در میان انگلیسی‌ها، ترجمه کریم امامی، تهران: نی، چاپ دوم.

۵. میلانی، عباس (۱۳۸۲). تجدد و تجددستیزی در ایران، تهران: اختران، چاپ هفتم.

۶. بیضایی، بهرام (۱۳۷۹). نمایش در ایران، تهران: روشنگران و مطالعات زنان، چاپ دوم.

۷. آژند، یعقوب (۱۳۷۲). نمایشنامه نویسی در ایران، تهران : نی.

۸. تیموری، ابراهیم (۱۳۶۳). عصر بی‌خبری یا تاریخ امتیازات در ایران، تهران: اقبال، چاپ سوم.

۱۰. ناظم‌الاسلام کرمانی (۱۳۴۶). تاریخ بیداری ایرانیان، ج۱، بکوشش سعیدی سیرجانی، تهران: بنیاد فرهنگ.

۱۱. کاشانی، مهدی (۱۳۶۱). سفرنامه مظفرالدین شاه به فرنگ، تهران: زوار.

۱۲. نصیری مقدم، محمدنادر (۱۳۹۰). سفرنامه سوم مظفرالدین شاه به فرنگ، تهران: مرکز اسناد مجلس.

۱۳. مظفرالدین شاه (۱۳۹۷). سفرنامه مبارکه شاهنشاهی، به اهتمام آیدین فرنگی، انتشارات کلاغ.

۱۴. ملک پور، جمشید (۱۳۶۳). ادبیات نمایشی در ایران، ج۲، دوران انقلاب مشروطه، تهران.

۱۵. ذکاء، یحیی (۱۳۷۶). تاریخ عکاسی و عکاسان پیشگام در ایران، تهران: علمی و فرهنگی.

دومان ریاضی

۱۶.کوریلن (۱۳۵۰). "بدایع وقایع نخستین سفر مظفرالدین شاه به اروپا"، مجله وحید، سال ۱۰، شماره ۷،

آرشیو اسناد و مدارک شهر بوداپست.
آرشیو اسناد و مدارک شهر وین.
شیرازی، امیر،(۱۳۶۳)، **سفرنامه فرنگ، سفر اول**، تهران: شرق مرکز ایرانشناسی وین.، آرشیو داخلی

دومان ریاضی

به‌روز رسانی نمایش ایران در دوره قاجار

چکیده

دوران قاجار یا بهتر است بگوییم دوره زمامداری ناصرالدین شاه را می‌توان یکی از تاثیرگذارترین ادوار تاریخ نمایش ایران نامید. تاثیراتی که خواسته یا ناخواسته، دانسته یا نادانسته سهم بسزایی را در به‌روز رسانی نمایش ایران داشت. این تاثیرات بی‌شک با آمدورفت‌های غربیان به ایران و ایرانیان به غرب بسیار پررنگ‌تر شد. آمدورفت‌هایی که به دلایل مختلفی چون مراودات تجاری سیاسی و غیره صورت می‌گرفت. اما از دل این مراودات، عناصر تاثیرگذار فرهنگی برآیند بهتری داشتند و به زودی مسیر خود را برای تغییرات شگرف هموار کردند.

و اما نمایش در ایران که در آن دوران بیشتر در برگیرنده دو شکل "تعزیه" و تخت حوضی بود هم از این تغییرات دور نماندند و با گذر زمان شکل کامل و جامع‌تری به خود گرفتند.

در این مقاله تلاش خواهیم کرد تا به شناخت و بررسی عوامل و عناصری که موجب ورود نمایش غرب به ایران و در نهایت موجب به‌روز رسانی نمایش ایرانی شد، بپردازیم.

کلمات کلیدی: نمایش، قاجار، به‌روز رسانی، ایران

مقدمه

بعد از مرگ کریم‌خان زند، قاجاریان و در راس آنها آقا محمد خان پس از جنگ‌ها و خونریزی‌های فراوان به حکومت رسیدند. سر دودمان این سلسله آقا محمد خان، مردی بود که از روی زین حکومت می‌کرد. او در طی دوران حکومت خود جنگ‌های بسیاری کرد و توانست ایلات ایران را در سده هجدهم میلادی متحد کند.

پس از او برادرزاده‌اش "بابا خان" معروف به "فتحعلی شاه" به حکومت رسید. او نیز به مانند عمویش در جنگ بود ولی در کنار آن علاقه زیادی به برگزاری جشن‌ها و ضیافت‌های پر زرق و برق داشت. در دوران حکومت او تشریفات درباری به حداکثر خود رسید.

"محمد میرزا" سومین شاه از سلسله قاجار بود که به کمک و پشتیانی دولت انگلیس و روس و با خون خونریزی‌های فراوان به حکومت رسید. در دوره حکومت ۱٤ ساله خود به مانند اجدادش بیشتر در جنگ و لشکرکشی بود. جنگ‌ها و لشکرکشی و سرکوب‌هایی که رمق و امید را از جامعه زمان ایران گرفته بود.

شاه چهارم از سلسله قاجاریان در ایران در زمانی به حکومت رسید که نارضایتی از محمد شاه و عدم کفایتش باعث فتنه و شورش در اکثر ایلات ایران شده بود. میرزا تقی خان که در آن زمان ملقب به وزیر نظام بود وسائل حرکت ناصرالدین شاه را به تهران فراهم کرد. به

شهادت اکثر رجال سیاسی ایران و غربیان که تازه پایشان به ایران باز شده بود، میرزا تقی‌خان مردی نابغه و کاردان بود و اگر تحریک خائنین داخلی و خارجی او را از بین نبرده بود بزرگی و پیشرفت ایران در زمان او بیشتر محقق می‌شد. می‌توان گفت که اصلاحات او در مدت ۳ سال صدارتش بنیان سلطنت ناصرالدین شاه را استوار کرد.

با تفاسیری که از شاهان قاجار در بالا به صورت خلاصه گفته شد، دریافتیم که تا دوره حکومت ناصرالدین شاه قاجاریان بیشتر در جنگ و لشگرکشی بودند و کمتر جنبش‌های نمایشی در جامعه زمان ایران صورت می‌گرفت و اگر هم اتفاقی می‌افتاد بیشتر شکل سنتی و فولکلور داشت. از یک طرف هم جامعه ایران دوران قاجار که در یک فضای کاملا بسته به سر می‌برد در مقابل هرگونه تغییر و تاثیر از غرب به شدت مقاومت می‌کرد. می‌توان گفت فقدان علم و دانش در میان مردم و از طرفی دیگر اندیشه‌های کاملا جهت‌دار شاه و سیاست‌های یک بام و دو هوای وزارت انطباعات، دارالتالیف و دارالترجمه زمان که در استثمار یکی از بحث بر انگیز ترین رجال قاجار یعنی اعتمادالسلطنه بود، باعث عقب‌ماندگی اقشار مختلف مردم گردید.

نمایش ایرانی نیز که تا آن دوران به سان درختی کهنسال هر جا آبی بود برای بقای خود مکیده بود، قدم در دوره‌ای گذارد که دستخوش تغییرات و تاثیراتی شد که نتیجه مستقیم آمدن‌های سیاسیون غربی به ایران از دوره صفوی بود.

سوالات تحقیق

۱. چه عواملی باعث به‌روز رسانی نمایش ایرانی در دوره قاجار گردید؟

۲. آیا نمایش ایران به صورت مستقیم تحت تاثیر نمایش غرب بود؟

اهداف پژوهش

در این مقاله تلاش خواهد شد تا به روند به‌روز رسانی نمایش ایرانی در دوره قاجار با نگاهی به اسناد موجود در آرشیوهای اروپایی پرداخته شود و تاحد امکان به سر منشا این تاثیرات، قطعا دو جانبه بپردازیم.

پیشینه تحقیق

کتاب‌ها و مقاله‌هایی در مورد نمایش ایرانی نوشته شده است. اگرچه به طور صریح و شفاف و صد البته مستند به شکل‌ها و دلایل به‌روز رسانی نمایش ایرانی اشاره نشده و یا کمتر رد پایی از اسناد مکتوب دیده می‌شود. در این مقاله سعی شده تا به بررسی این عوامل پرداخته شود.

روش تحقیق

این پژوهش به روش تحلیلی-توصیفی صورت گرفته است و سعی نگارنده بر این بوده تا از طریق منابع و اسناد کتابخانه‌ای به بررسی روند به‌روز رسانی نمایش ایرانی در دوره قاجار بپردازد.

بیان مساله

هنر و مخصوصا، هنر نمایش در ایران از ابتدا تا به امروز تحت تاثیر عوامل مختلفی همچون حکومت‌ها، ادیان وغیره به انزوا کشیده شده است. یا بهتر است بگوییم نسبت به فرهنگ‌های دیگری چون یونان و هند کمتر روحیه نمایش‌پذیری داشته‌اند.[1]

به هر عنوان این درخت کهنسال راه خود را به هر شکل پیمود و به دوره قاجار رسید، جایی که ایران دوره قاجار درگیر آشنائی با مظاهر تمدن مدرن و نمودهای فرهنگ و تمدن غرب بود.

در میان این گرایشات به غرب، نمایش ایرانی هم از این قاعده مستثنی نماند و کم‌کم عوامل بیرونی و درونی باعث تغییراتی در ساختار نمایش سنتی ایرانی شدند که به توضیح آنها خواهیم پرداخت.

---

[1] بیضایی بهرام، *نمایش در ایران*، کاویان، تهران ۱۳۴۴، ص ۲.

۱. سفر به غرب

به لطف سلطنت ناصرالدین شاه، تابویی که به طور رسمی مانع سفر شاهان ایرانی به کشورهای غیر مسلمان شد، شکسته شد. قبل از ناصرالدین شاه هیچ پادشاهی تا به آن زمان به اروپا یا کشورهای مسیحی سفر نکرده بود. در حقیقت، در دوره صفویه ارتباطات زیادی بین ایران و کشورهای اروپایی وجود داشت، اما هیچ شاه ایرانی مسلمان تا به آن زمان، این سفرها را انجام نداده بود،کم‌کم و با سفرهایی که ناصرالدین شاه و بعدها مظفرالدین شاه به اروپا کردند پای بسیاری دیگر از رجال سیاسی به اروپا باز شد. در میان این رجال، بودند کسانی که دستی نیز در هنر نمایش داشتند.

۱/۱. ناصرالدین شاه

اولین دور از سفرهای ناصرالدین شاه به فرنگ، در آوریل ۱۸۷۳ و در معیت یک هیات ۸٤ نفره به کشورهای روسیه، آلمان، بلژیک، انگلستان، فرانسه، سوئیس، ایتالیا و اتریش اتفاق افتاد. به غیر از سیاحت و عقد قراردادهای سیاسی، وجه ارزنده و در خور این سفرها، تماشای نمایش و موسیقی اُپرا، رقص و آتش‌بازی بود که تاثیر بسزائی بر شاه گذاشت. دومین سفر شاه به سال ۱۸۷۸ از قفقازیه شروع شد و در امتداد مسیر روسیه به سمت اروپا تا لهستان، آلمان، اتریش و فرانسه ادامه یافت و در نهایت سومین و آخرین سفر شاه در ۱۸۸۹ به مقصد روسیه، فرانسه، انگلستان بلژیک، اتریش و عثمانی صورت گرفت و اگر ترور ناصرالدین‌شاه در سال ۱۸۹٦ ، نبود شاید سفر

چهارمی هم رخ می‌داد! اما نکته بسیار بارز این سفرها، ثبت مشاهدات شخص شاه از زبان یا به قلم خود اوست که ذوق و شوق و توجه شاه ایران از مشاهده تمدن نوین غرب و نحوه زندگانی و تفریحات آنان را نشان می‌دهد. در این سفرنامه‌ها، روایت‌ها صرفا از نقطه نظر شخص او بوده که قسمتی از اتفاقات یا به درستی فهمیده نشده یا به صورت الکن روایت شده است. اما آن‌چه مسلم است، این است که ناصرالدین شاه سهم زیادی در انتقال هنر تئاترآن روزهای غرب، به کشور دارد.

با نگاهی به اسناد سفر ناصرالدین‌شاه می‌توان به یک نکته بسیار مهم دست یافت و آن این‌که در سفرهای شاه کسانی ایشان را همراهی می‌کردند که در آن زمان دستی در هنر نمایش و ترجمه آثار نمایشی از زبان‌های دیگر به فارسی داشتند. عده‌ای از این افراد بعدها به نوبه خود تاثیرات بسزایی به نمایش ایران گذاشتند.

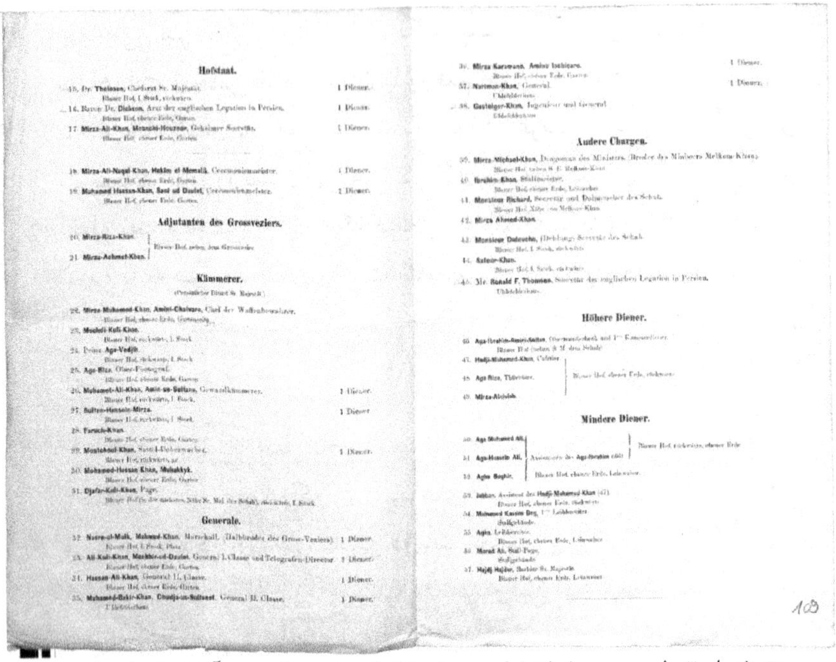

Hofstaat.

15. Dr. Tholozan, Chefarzt Sr. Majestät. — 1 Diener.
16. Baron Dr. Dickson, Arzt der englischen Legation in Persien. — 1 Diener.
17. Mirza-Ali-Khan, Mounchi-Hourour, Geheimer Secretär. — 1 Diener.
18. Mirza-Ali-Naqui-Khan, Hakim el Memalik, Ceremonienmeister. — 1 Diener.
19. Muhamed Hassan-Khan, Sani ud Daulet, Ceremonienmeister. — 1 Diener.

Adjutanten des Grossveziers.

20. Mirza-Riza-Khan.
21. Mirza-Achmet-Khan.

Kämmerer.

22. Mirza-Muhamed-Khan, Amini-Chalvare, Chef der Waffenbewahrer.
23. Mouledi-Kuli-Khan.
24. Prinz Aga-Vedjih.
25. Aga-Riza, Ober-Photograf.
26. Muhamed-Ali-Khan, Amin-us-Sultane, Gewandkämmerer. — 1 Diener.
27. Sultan-Hussein-Mirza. — 1 Diener.
28. Faruch-Khan.
29. Moutchoul-Khan. — 1 Diener.
30. Mohamed-Hassan Khan, Muhakkyk.
31. Djafar-Kuli-Khan, Page.

Generale.

32. Nasre-ol-Mulk, Mahmud-Khan, Marschall, (Halbbruder des Gross-Veziers). — 1 Diener.
33. Ali-Kuli-Khan, Mochbir-ud-Daulet, General I. Classe und Telegrafen-Director. — 1 Diener.
34. Hassan-Ali-Khan, General II. Classe. — 1 Diener.
35. Muhamed-Bakir-Khan, Chudja-us-Sultanet, General II. Classe. — 1 Diener.
36. Mirza Karaman, Amine Isshicare. — 1 Diener.
37. Nariman-Khan, General. — 1 Diener.
38. Gasteiger-Khan, Ingenieur und General.

Andere Chargen.

39. Mirza-Michael-Khan, Dragoman des Ministers. (Bruder des Ministers Melkom-Khan.)
40. Ibrahim-Khan, Stallmeister.
41. Monsieur Richard, Secretär und Dolmetscher des Schah.
42. Mirza Ahmed-Khan.
43. Monsieur Dadeucho, Secretär des Schah.
44. Safeur-Khan.
45. Mr. Ronald F. Thomson, Secretär der englischen Legation in Persien.

Höhere Diener.

46. Aga-Ibrahim-Amini-Sultan, Obermundschenk und 1ter Kammerdiener.
47. Hadji-Muhamed-Khan, Cafetier.
48. Aga Riza, Thürsteher.
49. Mirza-Abdulah.

Mindere Diener.

50. Aga Muhamed Ali.
51. Aga-Hussein Ali.
52. Agha Baghir.
53. Jabbar, Assistent des Hadji-Muhamed-Khan (47).
54. Muhamed Kassim Beg, 1ter Leibbereiter.
55. Agha, Leibbereiter.
56. Murad Ali, Stall-Page.
57. Hadji Hajder, Barbier Sr. Majestät.

103

سند شماره۲ ، لیست همراهان شاه در سفر اول او به وین،۱۸۷۳ ، آرشیو اسناد وین

همان‌طور که از سند بالا پیداست، می‌شود نام رجال سیاسی زمان ناصرالدین شاه را دید که در تک تک نمایش‌ها و کنسرت‌ها در کنار شاه بودند. مصداق بارز این اتفاق، شخص محمد حسن خان صنیع‌الدوله (اعتماد السلطنه) است که تاثیرش بر نمایش زمان قاجار بر همگان آشکار و مبرهن است. به غیر از اعتماد السلطنه، مهدی قلی‌خان که یک موسیقیدان پرشور کلاسیک بود و به خوبی با تئاتر فارسی آشنایی داشت و احتمالاً به نمایش‌های اروپایی که همراه شاه در آن شرکت می‌کردند توجه زیادی می‌کرد. مهدی قلی‌خان برخی از

دومان ریاضی

زبان‌های اروپایی را می‌دانست. ناصرالملک هم که در آکسفورد تحصیل کرده بود، برخی از زبان‌های اروپایی را می‌دانست و برخی از متون شکسپیر را ترجمه کرده بود .

تصویر شماره ۱، محمد حسن‌خان و غلام علی‌خان (ملیجک دوم) سفر سوم شاه به فرانسه ۱۸۸۹، کتابخانه ملی فرانسه

اینکه این افراد آشنا با هنر نمایش که در معیت شاه به فرنگ بودند، پس از بازگشتشان تا چه اندازه توانسته‌اند در به‌روز رسانی نمایش ایرانی سهمی داشته باشند، امری است که پژوهشی دیگر می‌طلبد ولی با توجه به روند تغییرات نمایشی در ایران دوره قاجار و بعد آن، می‌شود گفت که تجربه دیداری این افراد بسیار تاثیرگذار بوده است. به عنوان مثال اگر به ساختار و چهار چوب کمدی ایتالیایی و کمدی فرانسوی بپردازیم، می‌توانیم مشترکات بسیاری را با چهار چوب نمایش تخت حوضی ایران اواخر دوره قاجار بیابیم.

در هر سفری که شاه به کشورهای مختلف اروپایی انجام می‌داد، معمولا از طرف میزبان برنامه‌ای برای خوش‌آمد شاه ایران ترتیب داده می‌شد و در راس آنها نمایش و کنسرت بود. و یا اینکه به خواسته خود شاه برنامه برای دیدن این نمایش‌ها تدارک دیده می‌شد.

دومان ریاضی

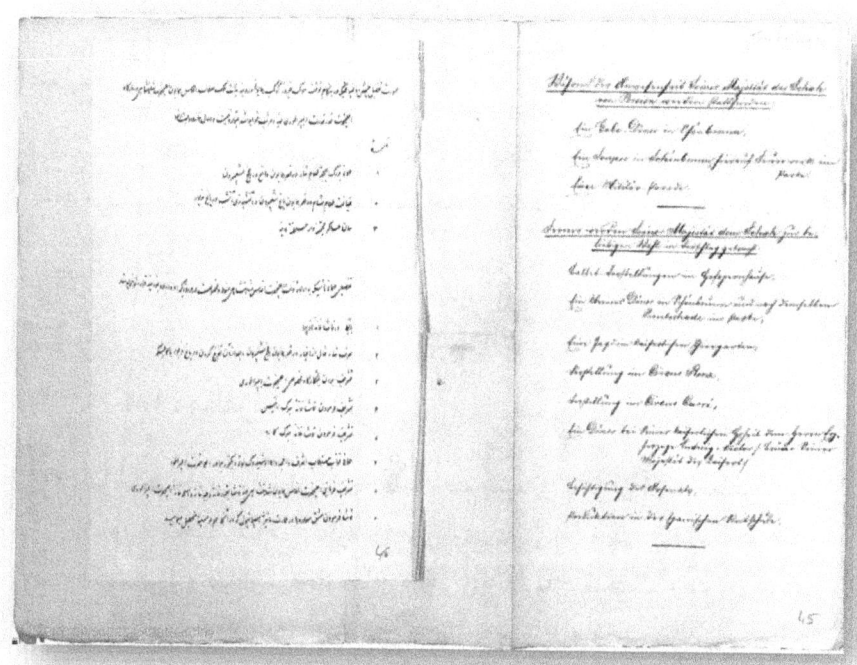

سند شماره ۲، سفر اول شاه به وین، ۱۸۷۳، آرشیو اسناد شهر وین

با نگاهی به سند شماره ۲ می‌توان فهمید که برنامه تدارک دیده برای شاه ایران به دو قسمت تقسیم می‌شد. در قسمت بالا فهرست مراسمی بوده است از طرف میزبان برای شاه در نظر گرفته شده و در قسمت پایین فهرستی از برنامه‌هایی که بنا به درخواست شخص خود شاه برنامه‌ریزی شده‌اند.

٤٩

از ذکر این نکته می‌توان گفت که آشنایی شاه با نمایش‌های غربی منوط به سفر ایشان نمی‌شده و ایشان از قبل این نمایش‌ها را می‌شناختند و در سفرهایشان به غرب در صدد دیدن آنها برمی‌آمدند. به هر عنوان شاه شهید در کنار همراهانش بعد از سه سفری که به فرنگ داشتند، دانسته یا ندانسته حامل تغییراتی مهم در تاریخ نمایش ایران دوره قاجار بودند.

۱/۲. مظفرالدین شاه

اما ماجراجویی قاجاریان به آنجا ختم نشد و پس از آنکه مظفرالدین شاه به تخت شاهی تکیه زد دوباره راه پدر را در انجام سفرهای اکتشافی! و دیدار از جلوه‌های ظاهری و دلربای فرهنگ و تمدن غرب دنبال کرد. مظفرالدین شاه قاجار علاوه بر تاج و تخت شاهی و علاقه به تفریح و خوش‌گذرانی، عشق سفر به فرنگ را هم از شاه شهید به ارث برده بود. لذا در طول دوران ده‌ساله سلطنتش در فواصلی نزدیک به هم به اروپا مسافرت کرد، به بهانه استفاده از آب‌های معدنی و شفابخش کوه‌های آلپ برای مداوای رماتیسم خود. آن هم در عصری که خزانه مملکت خالی‌تر از هر دوران دیگری بود و امور جاریه کشور از طریق استقراض از بانک‌های روس و انگلیس در قبال اعطای امتیازات فراوان انجام می‌شد .

مظفرالدین شاه نیز در سه نوبت (۱۹۰۰-۱۹۰۲-۱۹۰۵) به کشورهای روسیه، اتریش، سوئیس، آلمان، بلژیک و فرانسه و... سفر کرد. قسمت چشم‌نواز سفرهای شاه به مشاهدات ایشان از تئاترها،

اپرا و کنسرت‌های بی شمار ختم می‌شود که بی‌شک به همراه ملازمان و درباریان دودمان قاجار صورت می‌گرفت.

نکته بسیار جالب و مهم دیگر این سفرها، همراهی عده‌ای از رجال سیاسی قاجار بود که آنها هم علاقه وافری به دیدن و آموختن نمایش‌های غربی داشتند. از همراهان شاه در این سفرها می‌توان به امین السلطان، حکیم الملک، ظهیرالملک، موثق الدوله، مفخم الدوله، مشیرالملک، و چند وزیر دیگر و نیز افرادی چون: صنیع السلطنه عکاسباشی، ناصر همایون، ندیم‌السلطان مترجم باشی و شماری دیگر اشاره کرد.

اما در سفر اول شاه به اروپا که در آن به وین و بوداپست هم عزیمت کردند چند اتفاق مهم نمایشی افتاد که به ذکر آنها می‌پردازیم.

وینی‌ها که میزبان شاه ایران بودند برای ادای احترامات فائقه نسبت به شاه ایران و هیات همراه، نمایش "پاره" یا برنامه رقص و آواز توامان با موسیقی و نمایش را تدارک دیده بودند، تا ضمن جذاب کردن برنامه، تماشای مراسم برای هیات ایرانی که احتمالا درک و فهم زبان آلمانی برای همه آنها مقدور نبود، دلچسب و خوشایند جلوه کند. اما مهم‌تر آن که در سفرنامه مظفرالدین شاه از این مراسم جنبی هیچ گزارشی داده نشده است و تنها می‌توان به استناد اسناد دولتی اتریش از آن آگاهی یافت.

با نگاهی به برنامه تئاتر" پاره" می‌توان فهمید که عنصر حرکت در نمایش‌های تئاتر" پاره" در اکثر این برنامه‌ها دیده می‌شود. به خصوص مطابق سند شماره ۳ می‌توان فهمید که بالت در قسمت اعظم نمایش‌های تئاتر" پاره"گنجانده شده است.

SONNE UND ERDE.

VERGISSMEINNICHT.

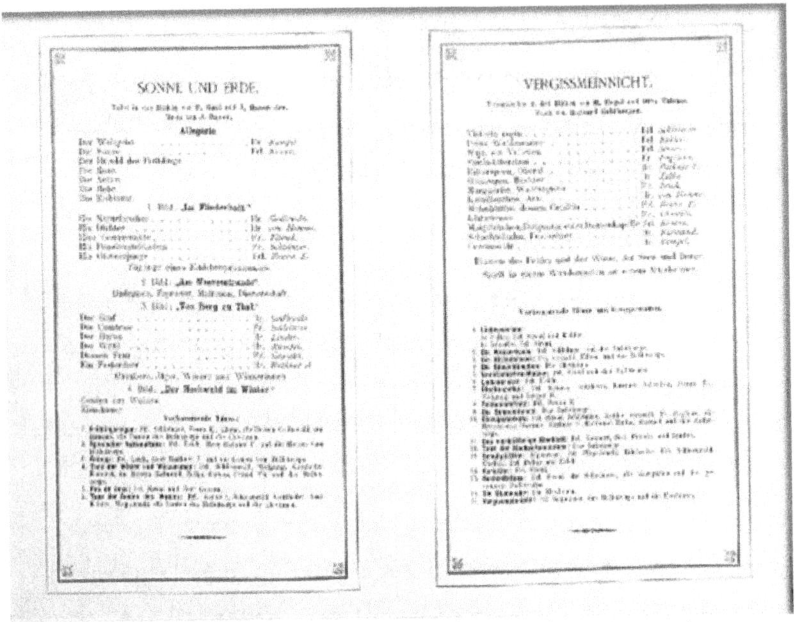

سند شماره ۳ برنامه تدارک دیده شده برای حضور شاه ایران در تئاتر پاره ۲۱ سپتامبر ۱۹۰۰، آرشیو اسناد شهر وین

پادشاه بعد از وین به بوداپست رفت و در آنجا نیز عمدتاً در اجراهای اپرا و موسیقی شرکت کرد. در ۲۶ سپتامبر ۱۹۰۰، مظفرالدین شاه در خانه اپرای بوداپست شاهد اپرایی به نام "زلیخا" بود. اتفاق بسیار

جالب در این نمایش تغییر زمان شروع نمایش بود که به دلیل ورود دیرهنگام شاه و اطرافیانش به وجود آمد. شاه و اطرافیانشان با تاخیر وارد سالن شدند و به این خاطر زمان شروع اپرا به تاخیر افتاد.

مظفرالدین شاه در یادداشت سفر خود می‌نویسد که عصر آن روز، با ناصرالملک و موثق الدوله، به تماشای نمایشی بسیار زیبا نشسته بود که در آن اجراگران با گل‌هایی تزئین شده بودند که به واسطه آنها عطر دلپذیری در سالن پخش شده بود.[۲]

---

۲ شیرازی، امیر، *سفرنامه فرنگ*، سفر اول، شرق، تهران ۱۳۶۳، ص ۲۱۰.

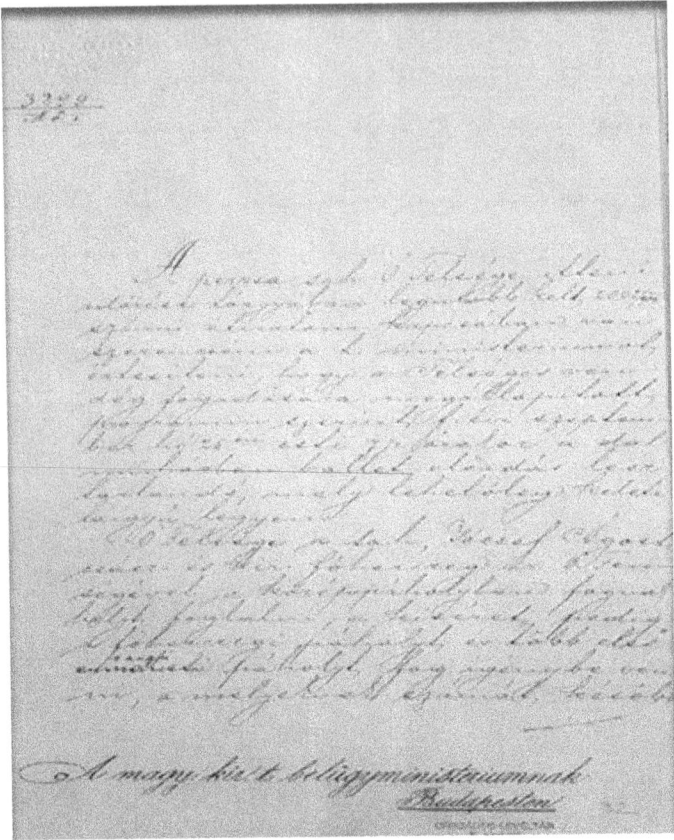

A magy. kir. belügyministeriumnak
Budapesten

سند شماره ٤، برنامه شاه برای شرکت در اپرا در ۲۵ سپتامبر ۱۹۰۰ بوداپست، آرشیو اسناد و مدارک شهر بوداپست.[۳]

عدم آگاهی کافی درباریان قاجار از اپرا و اجراهای اروپایی به آنها اجازه نمی‌داد اطلاعات دقیق‌تری از ساختار و محتوای تئاتر اروپایی

[۳] تمامی اسناد ارائه شده از وین، بوداپست، پاریس، کلیسای وانک در این مقاله توسط اینجانب از آرشیوهای مختلف شهرهای اروپایی و ایران جمع‌آوری شده است.

گزارش دهند، اما با توجه به مستندات مذکور که قسمتی از آنها را در این مقاله عنوان کردم می‌توان گفت بسیاری از تغییرات یا به‌روز رسانی‌های نمایشی در ایران دوره قاجار ممکن است ریشه در این اتفاقات داشته باشد.

بعد از دوران حکوت ناصرالدین شاه، تا اواخر دوره قاجار مسافرانی دیگر با عناوین و دلایل مختلف قدم به دیار فرنگ گذاشتند و هر کدام به نحوی به تماشای ظواهر دل‌فریب غرب از جمله هنر نمایش نشستند. از جمله این افراد که در سفرنامه‌هایشان روایاتی از دیده‌های نمایشی‌شان به رشته تحریر درآورده‌اند می‌توان به علی‌خان ظهیرالدوله، میرزا عبدالرئوف، میرزا محمد علی پیرزاد، میرزا ابوطالب‌خان و غیره اشاره کرد که هر کدام با دیده‌هایشان از نمایش‌های غرب توانستند اطلاعاتی هر چند کوتاه و مختصر برای هنر نمایش ایران به ارمغان بیاورند.

۲. فرنگ. فرهنگ. فرانسه

رنسانس یک دیدگاه انسان‌گرایانه جدید را در فرانسه آغاز کرده و آن را در گروه کشورهایی قرار داده بود که با تمدنی جدا از تمدن قرون وسطایی متمایز شده بودند، در همین زمان بود که فرانسوی‌ها نقش ملت پیشرو در زبان و فرهنگ را بر عهده گرفته بودند. بالطبع نویسندگان و محققان ملیت‌های مختلف نیز سعی کردند این زبان را مطابق با فرهنگ جدید یاد بگیرند.

زبان فرانسوی که، قبل از ورود به ایران، زبان فرهنگ در کشورهای اروپایی و امپراتوری عثمانی بود تأثیر فرهنگی زیادی را حتی به کشوری با سابقه فرهنگی و هنری بسیار مانند ایتالیا نهاد. ایران دوره قاجار هم به سهم خود از این اتفاق بی‌نصیب نماند. به غیر از زبان آذری که یکی از اصلی‌ترین زبان‌های دربار بود، زبان فرانسوی نیز کم‌کم وارد دربار شد. این اتفاق به اندازه‌ای همه‌گیر شد که اعتمادالسلطنه در کتاب روزنامه خاطرات می‌نویسد که "حالا چهار پنج هزار نفر در تهران فرانسه‌دان هستند."

در دوره زمامداری فتحعلی شاه که از آن می‌شود به عنوان یکی از کلیدی‌ترین دوران ارتباطات بین ایران و فرانسه نام برد، روابط ایران و فرانسه بیشتر شد به نحوی که این ارتباطات به روابط ایران با روسیه و انگلستان چیره شد. از طرفی با اعزام دانشجویان به خارج از کشور (در وهله اول فرانسه، روسیه و انگلستان) صنعت ترجمه در ایران را دستخوش تغییرات وسیعی کرد و به لطف این تجربیات، نه تنها سنت‌های نمایشی این کشورها، بلکه قسمتی از ادبیات آنها نیز وارد ایران شد .

شیفتگی که در میان دانش‌پژوهان ایرانی، زبان فرانسوی را پررنگ‌تر کرد، بی‌گمان به ظرافت‌های بیان تئاتری در زبان فرانسوی برمی‌گشت که در بین دو ژانر تراژدی و کمدی، تراژدی پر رنگ‌تر بود، اما به دلیل فقدان ترجمه عامیانه و دشواری آنها در به‌روز رسانی با توجه به فرهنگ عامه دوران قاجار، نتوانست در ایران از موفقیت برخوردار شود. اما کمدی راهی آسان‌تر و سهل‌تر برای ورود بین توده مردم را پیدا کرد چرا که موقعیت‌های نمایشی که در ادبیات نمایشی آن زمان

فرانسه به ویژه "مولیر" نگاشته می‌شد، برای مردم آشناتر و ملموس‌تر بود

اما دلیل دیگر که آموزش زبان فرانسوی را تسهیل کرد وجود مدرسه دارالفنون بود و صد البته زمانی که تئاتر دارالفنون در آن دایر شد دانشجویانی که به زبان فرانسوی تحصیل می‌کردند، این فرصت را پیدا کردند که متن‌های نمایشی فرانسوی را ترجمه و یاد بگیرند. معمولاً مترجمانی که می‌خواستند متنی را از زبان فرانسه به فارسی برگردانند، سعی کردند آن را برای جامعه ایرانی تطبیق دهند.

در همان دوره، طبقه‌ای از روشنفکران بودند که سوای ترجمه و دانش زبان، سعی کردند افق‌های جدیدی از بینش و نگرشی نو را در میان مردم توسعه دهند که در میان آنان میرزا حبیب اصفهانی، میرزا جعفر قرچه داغی و میرزا فتحعلی آخوند زاده نقش بسیار بارز و ارزنده‌ای را در صنعت ترجمه در ایران به عهده داشتند.

۳. کنسولگری‌ها و اتباع خارجه

از دوره حکومت شاه عباس به بعد نمایندگان بسیاری از سرزمین‌های مختلف با عناوین مختلف به ایران و دربار شاه آمدند. اکثر آنها نمایندگان دولت‌هایشان بودند که برای هم‌پیمانی و معاهدات سیاسی، تجاری و غیره پای در این سرزمین گذاشتند آن هم درست در زمانی که کنجکاوی غربی‌ها در مورد شرق و علی‌الخصوص ایران به اوج خود رسیده بود.

آمدند، یافتند، دیدند، نوشتند و بردند. تک‌تک این مسافران از تمام مراسمی که برای آنها تدارک دیده شد بود به خوبی مطلب جمع‌آوری کردند و در قالب دفترچه خاطرات هر آنچه را که از فرهنگ ایران می‌خواستند، جمع‌آوری کرده و به نگارش در آوردند، نکته جالب‌تر اینکه، امروزه از خاطرات آنها در ایران به عنوان سند نمایشی استفاده می‌کنیم.

از مسافران مهم اروپایی می‌توان به نام‌هایی چون پیترو دلا واله، آدام اولاریوس، فیگوئرا، میکله ممبره، تاوارنیه و.... اشاره کرد که در مشاهداتشان از ایران دوره صفوی بارها و بارها از شکل‌های نمایشی و خرده‌نمایش‌های ایرانی نام برده‌اند.

اما در دوره قاجار هم این رفت‌وآمدها ادامه داشت، حتی بیشتر از دوره صفوی هم شد. آنان به عناوین مختلف به ایران می‌آمدند، گاهی با اهداف تجاری و گاهی برای معاهدات سیاسی و گاهی برای تدریس در دارالفنون. در این میان بودند کسانی که برای کنجکاوی‌های شخصی سفر می‌کردند و مشاهدات خود را می‌نوشتند.

در دوران حکومت فتحعلی شاه، مناسبات رسمی دیپلماتیک در ایران آغاز شد. سفارتخانه‌های دائمی در مرکز حکومت وجود نداشت. سفرای ثابت و دائمی در ایران وجود نداشتند. و گاهی که سفیران و نمایندگان خارجی وارد پایتخت می‌شدند، اول هدیه‌ها و نامه‌های شاهان خود را به شاه ایران تقدیم می‌کردند و پس از گرفتن جواب دربار را ترک می‌کردند.

کم‌کم با آمدن ناصرالدین شاه پای سفیران ثابت به ایران باز شد. در بین دولت‌های خارجی، روسیه، انگلستان، و فرانسه از دیگر کشورها برای وارد شدن به ایران پیشی گرفتند.[٤]

زمانی که دیگر هر کشور پایگاه ثابت خود را در ایران بنا نهاد، کارکنان آنها کم‌کم خانواده و ملازمان خود را آوردند. هر جامعه‌ای در بین افراد خود، هنرمندان و نمایشی‌های خود را داشت تا وسایل تفریح خانواده‌هایشان را فراهم سازد. گاهی برای این نمایش‌ها مهمانانی دعوت می‌شد و گاهی خارجی‌ها به دیدن نمایش‌های ایرانی دعوت می‌شدند. از نکته بالا می‌توان حدس زد که این دعوت‌های نمایشی بعد از گذر زمان می‌توانستند تاثیرات زیادی بر هم بگذارند.

---

[٤] آوری، پیتر، *تاریخ ایران* (افشار زند قاجار) همان.

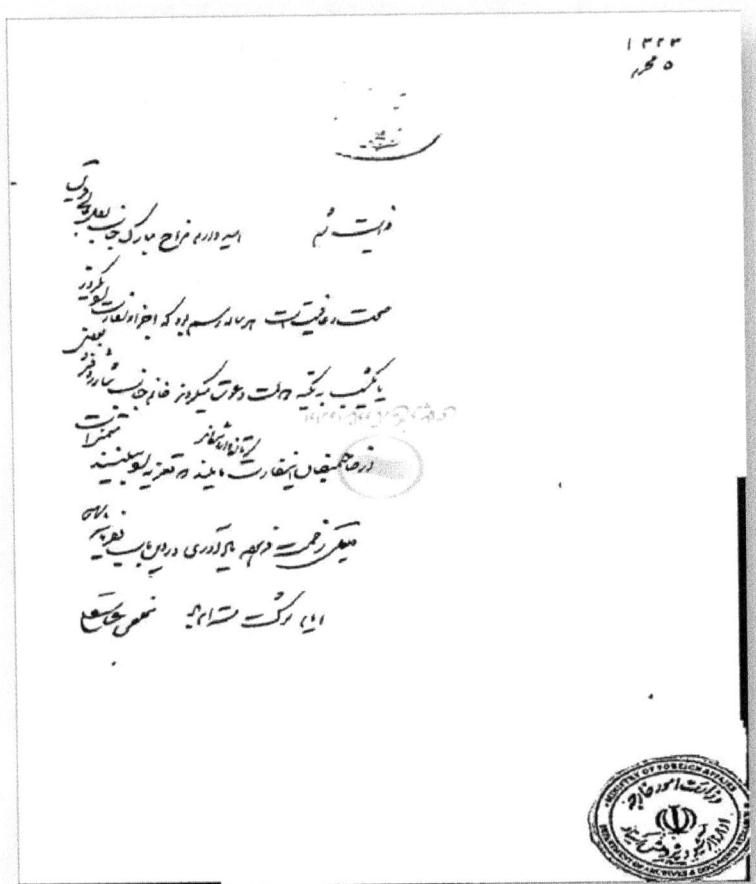

۱۳۲۳
۵ محرم

سند شماره ۵، دعوت از خانواده‌های دولت‌های خارجی برای دیدن تعزیه،
آرشیو اسناد وزارت امور خارجه تهران

۴.تئاتر دارالفنون

ناصرالدین شاه، پس از سفرهای خود در اروپا (بعد از سفر دوم) و دیدار از برخی از تئاترهای مجلل که در آنها به تماشای تئاتر نشسته بود، به ایران بازگشت. او که در سر رویای داشتن نمایش‌های غربی را می‌پروراند دستور ساخت یک تئاتر فاخر با معیارهای اروپایی را داد. اینگونه بود که تئاتر دارالفنون با چیدمانی فرانسوی در سال ۱۸۷۷ به سرپرستی علی اکبر خان مزین‌الدوله ساخته شد و گنجایش سیصد تماشاگر را داشت.[۵]

جالب است بدانیم که همزمان با تکمیل تالار و عمارت مدرسهٔ دارالفنون در سال ۱۲۹۸ ه.ق «میرزا علی‌اکبرخان مزین‌الدوله نقاش‌باشی» برای نخستین بار در ایران یکی از کمدی‌های «مولیر» را به صورت وفادارانه (نه اقتباس) در ایران ترجمه می‌نماید. این کمدی که در سال ۱۲۹۸ ه.ق تحت عنوان «طبیب مجبوری» و با امضای «میرزا علی اکبرخان» ترجمه شده، محتمل است در همین سالن در تالار جدیدالتأسیس دارالفنون به روی صحنه رفته باشد.[۶] چنانچه در این زمینه چنین نقل شده است:

> "مزین‌الدوله روزی به عرض شاه می‌رساند که نمایشنامهٔ طبیب اجباری مولیر را ترجمه کرده و آن را برای نمایش

---

[۵] پور حسن، نیایش، *جریان طلیعه تئاتر در ایران و سرگذشت تئاتردارالفنون*، کوله پشتی، تهران ۱۳۹۷،ص ۱۲۳.

[۶] پور حسن، نیایش، *جریان طلیعه تئاتر در ایران و سرگذشت تئاتردارالفنون*، کوله پشتی، تهران ۱۳۹۷،ص۱۲۸

آمـاده نمـوده اسـت و تقاضـا می‌کند شاه نمایش را ببیند. در واقع این اولین نمایشی است که به صورت صحیح در حضور ناصرالدینشاه به معرض نمایش گذارده شده است."[۷]

رشید یاسمی می‌گوید: "ناصرالدین شاه، پس از سفرهایش در اروپا، و پس از استقبال از دیدن، به مزین‌الدوله دستور داد تا نمایشهایی را به شیوه‌ای اروپایی ترتیب دهد بنابراین، مزین‌الدوله را می‌توان یکی از اولین افرادی دانست که نمایش‌هایی با سبک متفاوت از آنهایی که تا آن زمان در ایران (تعزیه و تقلید) تهیه شده بود، روی صحنه برد."[۸]

با توجه به اینکه مدرسه دارالفنون از مدرسان اروپایی بهره می‌برد، داشتن مدرسان اروپایی موسیقی و شاید نمایشی نمی‌تواند امری خارج از ذهن و دور باشد کما اینکه، موسیو کارلیان فرانسوی به دعوت قاجاریان که برای تدریس زبان فرانسه در سال ۱۸۵۲ ایران آمده بود، یک مدرس عکاسی بود و گاهی در نمایش‌هایی که در سفارت فرانسه در ایران ساخته می‌شد، بازی می‌کرد.

---

[۷] شیروانی، حسن، *فعالیت‌های هنری در پنجاه سال شاهنشاهی پهلوی*، وزارت فرهنگ و هنر، تهران ۱۳۵۵ ، ص۲۷.

[۸] براون، ادوارد، *تاریخ معاصر ایران*، مترجم رشید یاسمی، ابن سینا، تهران ۱۳۱۶،ص۱۲۵.

عکس شماره ۲ موسیو کارلیان فرانسوی، کتاب جریان طلیعه تئاتر در ایران و سرگذشت تئاتردارالفنون (نیایش پور حسن)

در زمان ساخت‌وساز و تکمیل بنای سالن موسیقی و تئاتر دارالفنون، برخی از برنامه‌های مارش و اپرای خارجی و تصانیف و آواز ایرانی گروه موزیک دارالفنون به ریاست «مسیو لومر» [۹] در اماکن دیگری نظیر عمارت «ظل‌السلطان» برگزار می‌شده است.

---

[۹] موسیقی‌دان نظامی فرانسوی که به دعوت حکومت ایران در دوران ناصر الدین شاه به ایران آمد.

مجلس ... در عمارت مخصوص نواب مستطاب والا شاهزاده اعظم ظل السلطان

مورخه ۲۸ ژانویه ۱۸۸۳

مطابق شب شنبه ۱۷ شهر ربیع الاول ۱۳۰۰ هجریه

پروگرام

مشقهای تازه که بتوسط ... که مجری میشوند ... موزیکانچی باشی

۱ کرنادپر مرش

۲ اپرای ژوبو منفرداً با اسباب ... بتوسط علی محمدخان نایب مجری میشود

۳ مارش ...

۴ اپرای تروادور منفرداً با اسباب قرونی بتوسط سلیمان خان سلطان مجری میشود

۵ اصفهان پلکا منفرداً با اسباب پیستون بتوسط یوسف خان سلطان مجری میشود

۶ اپرای نرما منفرداً با اسباب قرونی بتوسط میرزا احمد نایب مجری میشود

۷ مارش ...

۸ سلطان پلکا منفرداً ... بتوسط میرزا حسین خان ... انواع ... حضرت والا ظل السلطان مجری میشود

۹ اپرای ... منفرداً با اسباب قرونی بتوسط سلیمان خان سلطان مجری میشود

۱۰ اپرای لوسیا منفرداً با اسباب ساکسفن بتوسط میرزا حسین خان نایب مجری میشود

۱۱ آواز ایرانی منفرداً با اسباب بوگل بتوسط یوسف خان سلطان مجری میشود

۱۲ اپرای ... با اسباب ساکسفن و بوگل بتوسط میرزا حسین خان نایب و یوسف خان سلطان مجری میشود

۱۳ اپرای ... منفرداً با اسباب بوگل بتوسط یوسف خان سلطان مجری میشود

۱۴ اپرای نرما بتوسط یوسف خان سلطان و میرزا ... نایب با اسباب پیستون مجری میشود

۱۵ تصنیف ملی ایران

سند شماره ٦، پوستر اجرای موسیقی در عمارت ظل‌السلطان. کتاب جریان طلیعه تئاتر در ایران و سرگذشت تئاتر دارالفنون (نیایش پور حسن)

از سند شماره ۶ به غیر از اطلاعاتی که از زمان و مکان و قطعات اجرا شده، دیده می‌شود، می‌شود به نکته بسیار مهم دیگری نیز اشاره کرد و آن اینکه زمانی که موسیقی یک اثر نمایشی در فرهنگ ایران دوره قاجار وارد شده و نواخته می‌شود، بی‌شک میتوان انتظار این را داشت که به آموزش و سبک و سیاق بازیگری آن هم تا حدی پرداخته شده است.

بعدها و با اجراهای تلفیقی که بین بازیگران ایرانی و خارجی اتفاق افتاد، آمیختگی فرهنگ نمایشی بین ایران و غرب بیشتر شد تا جایی که گردانندگان و مخاطبان خارجی، ظاهرا درصدد برآمد که روشی اروپایی را پیش گرفته و رپورتوار برنامه‌های خود را نیز به نمایش‌ها و کنسرتهای اروپایی اختصاص دهد.[۱۰]

۵. در میان ارامنه

از زمان کوچ ارامنه از ارمنستان به ایران در دوره صفوی، جامعه ارامنه در چند قسمت از ایران سکنی گزیدندکه شامل اصفهان، تبریز رشت و.. می‌شد.

ارامنه از همان ابتدا شروع به پی‌ریزی مراکز فرهنگی، ادبی، هنری، در جوامع خود در جغرافیای جدید کردند. این اتفاق ادامه‌دار بود تا اینکه در دوره قاجار اجرای نمایش‌هایی با سبک و سیاق اروپایی رنگ و بو

---

۱۰ نگاه شود به کتاب بسیار ارزنده، جریان *طلیعه تئاتر در ایران* و *سرگذشت تئاتردارالفنون* به قلم نیایش پور حسن

جدی‌تری به خود گرفت تا جایی که متنهای بسیار فاخر و مهم اروپایی که از طریق مسافران و تجار ارمنی به ایران آورده شده بود، ترجمه و اجرا شد.

از اولین اجراهای جامعه ارامنه در ایران می‌توان به نمایش انجیر خچو در سال ۱۸۸۶ در یکی از منازل متعلق به کلیسای وانک اشاره کرد که به همت بگلرآقایان به صحنه رفت. بعد و با گذر زمان نمایشنامه‌های دیگری همچون اتتلو شکسپیر و راهزنان شیلر و غیره نیز به اجرا در آمد.[۱۱]

اولین بازیگران جامعه ارمنی، در دوره قاجار، در اصفهان، از دنیای دانش‌آموزان و معلمان آمده بودند. برخی از معلمان از کشورهای دیگر مانند ارمنستان، آذربایجان یا گرجستان آمده بودند و همچنین نمایشنامه‌های معروف را به ایران وارد کردند. همه این عوامل باعث ایجاد صنعت ترجمه از زبان‌های مختلف به ارمنی، و انتشار سبک‌های مختلف شد، که باعث ادغام بین شیوه‌های مختلف تئاتر می‌شود.[۱۲]

---

[۱۱] مشکنبریانس ژیلبرت، *فصلنامه فرهنگی پیمان*، تهران ۱۳۸۵، ص ۵۰-۵۱.

[۱۲] مشکنبریانس ژیلبرت، *فصلنامه فرهنگی پیمان*، تهران ۱۳۸۵، ص ۵۳.

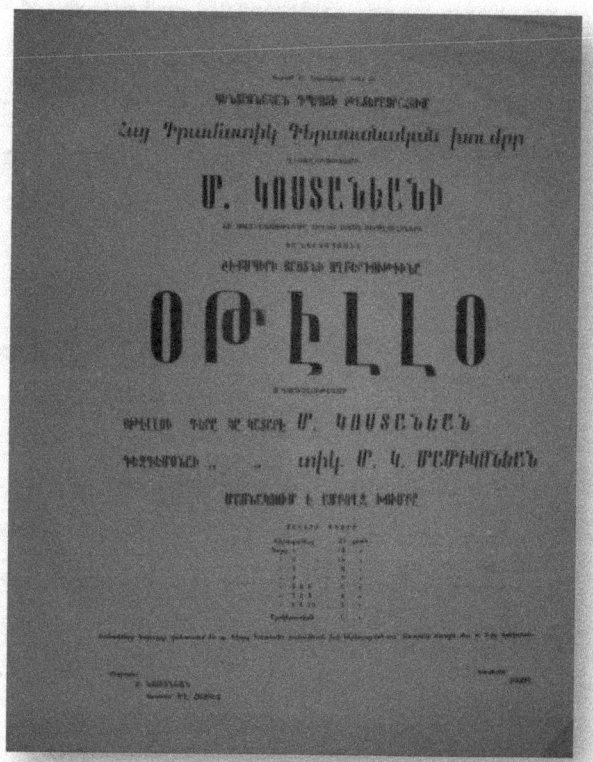

سند شماره ۷ پوستر اجرای نمایش اتللو، آرشیو اسناد و موزه وانک اصفهان

اجراهای معاصر ارمنی نیز برای پیشرفت فرهنگ تئاتری ایران از اهمیت بالایی برخوردار بودند. با توجه به اینکه از دوره صفویه به بعد رفت‌وآمدهای هنری ارامنه ایران با اساتید و هنرمندان غربی بسیار مشهود بود، تاثیر این ارتباطات در هنر ارامنه ایران اتفاق افتاد و باعث به وجود آمدن سبک‌های جدید هنری در میان آنان شد. این امر اجازه

ورود مدل‌های فرهنگی از تمدن‌های دیگر را داد. از میناس نقاش و سبک و سیاق هنر او می‌توان به عنوان یک مثال بسیار مهم نام برد، استاد میناس نقاش ایتالیایی بود. نقاشی‌های دیواری او در کلیسای وانک در اصفهان به شدت از هنر ایتالیایی الهام گرفته است و عناصر سبک ایرانی و ارمنی را در هم آمیخته است.[۱۳]

نتیجه‌گیری

از چند قرن پیش به بهانه‌های مختلفی چون، آشنایی، کمک و ارتباط با شرق به ایران آمدند، دیدند، نوشتند، جمع آوری کردند و بردند. شاید به‌واسطه برتری‌های سیاسی و نظامی خود میخواستند برتری فرهنگ و هنرشان را هم به رخ بکشند. جالب‌تر اینکه کمی بعدتر همان دستاوردهایشان از هنر و فرهنگ شرق را با عناوین مختلف به خودمان صادر کردند.

اما در ایران چه شد؟

از همان ابتدا مردان سیاست شمشیر را از رو برای هنر کشیده بودند و شروع به تکه‌تکه کردن این درخت کهنسال کردند و به جایش سعی در پروراندن سطحی دل‌خوش‌کنک‌های غربی پرداختند. اما ریشه‌های این درخت کهن آنچنان در دل خاک گسترانیده شده بود که خشک نشد. هر جا نَمی بود به خود کشید تا به امروز.

---

[۱۳] دروهانیان هورتون، *تاریخ جلفای اصفهان*، زنده رود، اصفهان ۱۳۸۰، ص۳۹۹.

از دوره صفوی تا اوخر دوره قاجار را می‌توان از شگفت‌آورترین دوران نمایشی ایران نام برد زمانی که خط نمایشی ایران راه بسیار پر پیچ و خمی را گذرانده تا به امروز رسیده است. در دل جنگ‌ها، لشکرکشی‌ها، تبعیدها و تحریم‌ها، فرهنگ و هنر راه خود را به سختی پیمود. باوجود ممنوعیت‌ها برای تعزیه و مقابله با نمایش‌های شادی‌آور، نمایش راه خود را ادامه داد. کمدیا دلارته به عنوان یک شکل فاخر نمایش ایتالیایی از دل مردم و جامعه ایتالیایی زاده شد اما در ادامه از طرف حاکمان قدرت پشتیبانی شد و با آمدن انقلاب صنعتی غروب کرد. می‌توان گفت بزرگترین علت افول این نمایش حمایت همین شاهزادگان و طبقه فرادست بودند که دست از آن کشیدند. اما تقلید و در ادامه آن تخت‌حوضی از دل مردم زاده شد و در دل مردم رشد کرد و همیشه با ظلم و زور به زبان خودش مقابله کرد و هیچ جا به زیر دست حاکمان زمانش نرفت و ماندگار شد.

به هر حال در پی رفت‌وآمدها بین ایران و غرب تبادلات زیادی انجام گرفت که نمایش هم از این تبادلات بی‌بهره نماند. دانش روز جهان به آن اضافه شد و صد البته تاثیر خود را بر نمایش غرب گذاشت. اگر تلاش ما هم به اندازه پژوهشگران غرب در زمینه ترجمه و اشاعه فرهنگ نمایشی بود شاید امروزه شاهد اتفاقات دیگری در زمینه شناخت دنیا از نمایش ایران بودیم.

منابع

۱. دروهانیان هورتون، تاریخ جلفای اصفهان، زنده رود، اصفهان.
۲. مشکنبریانس ژیلبرت، فصلنامه فرهنگی پیمان، تهران ۱۳۸۵.
۳. براوون، ادوارد، تاریخ معاصر ایران، مترجم رشید یاسمی، ابن سینا، تهران ۱۳۱۶.
۴. شیروانی، حسن، فعالیتهای هنری در پنجاه سال شاهنشاهی پهلوی، وزارت فرهنگ و هنر، تهران ۱۳۵۵.
۵. پور حسن، نیایش، جریان طلیعه تئاتر در ایران و سرگذشت تئاتردارالفنون، کوله پشتی، تهران ۱۳۹۷.
۶. اعتماد السلطنه، روزنامه خاطرات، امیرکبیر، تهران ۱۳۵۰.
۷. پور حسن، نیایش، نهضت ترجمه آثار مولیر در ایران، کوله پشتی، تهران ۱۳۹۵.
۸. شیرازی، امیر، سفر نامه فرنگ، سفر اول، شرق، تهران ۱۳۶۳.
۹. تیموری، ابراهیم عصر بیخبری یا تاریخ امتیازات در ایران، اقبال، تهران ۱۳۶۳.
۱۰. ناصرالدین شاه قاجار، به کوشش فاطمه قاضیها، روزنامه خاطرات ناصرالدین شاه، سازمان اسناد ملی ایران، تهران ۱۳۷۹.
۱۱. ابریشمی، فرشاد، خلاصه ای بر تاریخ ایران، انتشارات اریشمی‌فر، تهران ۱۳۸۶.
۱۲. آوری، پیتر، تاریخ ایران (افشار زند قاجار)، مترجم مرتضی ثاقب فر، جامی، تهران ۱۳۸۷.
۱۳. آرشیو اسناد و مدارک شهر وین.
۱۴. بیضایی، بهرام، نمایش در ایران، کاویان، تهران ۱۳۴۴.
۱۵. آرشیو اسناد و مدارک شهر بوداپست.
۱۶. کتابخانه سلطنی فرانسه.
۱۷. آرشیو اسناد وزارت امور خارجه ایران.
۱۸. آرشیو اسناد و موزه وانک اصفهان

انجیر خچو

(نگاهی به یکی از اولین نمایش‌های ارامنه در ایران)

بی‌شک از ایرانیان ارمنی می‌توان به عنوان یکی از مهم‌ترین فرهنگ‌های تاریخ ایران نام برد. فرهنگی که با تمام تفاوت‌ها و نزدیکی‌هایش توانسته ادغام‌ها و تاثیرات مهمی در ایران ایجاد کند. نمونه بارز این ادغام‌ها را می‌توان در تاثیرات فرهنگی و هنری، علی‌الخصوص در هنر نمایش هم دید.

ارامنه‌ای که در دورۀ صفوی به ایران کوچانده شده بودند به زودی شروع به پایه‌گذاری اجتماع خود کردند و سال‌ها بعد بود که کم کم پای اجراهای نمایشی هم به جوامع خودشان باز شد.

تئاتر ارامنه ایران تاثیر زیادی از تئاتر ارمنی قفقاز را دارد. اندیشمندان و تمام اشخاص بومی که دستی در هنر داشتند تلاش کردند که فرهنگ نمایش ارامنه را در ایران نیز زنده نگه دارند. در این میان به غیر از کتاب‌های نمایشی و ادبی که بیشتر از طریق مسافران و تجار از شرق و غرب به ایران اورده شد، روابط فرهنگی و هنری ارامنه ایران با تفلیس، باکو و ایروان هم بیشتر و پر رنگ‌تر شد.

شاید بتوان گفت که یکی از عوامل مهم به‌روز رسانی نمایش ایران در دورۀ قاجار همین جوامع ارمنی بود. در این مقاله تلاش خواهیم کرد تا به معرفی و بررسی یکی از اولین اسناد نمایشی ارامنه ایران در دورۀ قاجار بپردازیم.

در حدود ۱۶۰۳ زمانی که ارمنستان زیر سلطه توان‌فرسا و منهدم کننده عثمانی بود، شاه ایران به ناچار تصمیم به کوچاندن ارامنه گرفت. در آن دوران شاید کمتر کسی تصور می‌کرد که این مهاجرت تبدیل به یک ادغام فرهنگی دو جانبه شود ولی با مرور زمان این امر در جلفای شکل گرفت.

بدون اغراق می‌توان ازجلفای نو،[۱] با بیش از چهارصدسال پیشینه، به عنوان یکی از فرهنگی‌ترین مراکز ارمنی‌نشین در ایران و خاورمیانه نام برد. با بیش از ۱۲۰ سال فعالیتِ اجتماعی فرهنگی شاید بتوان گفت جلفای نو یکی از قدیمی‌ترین مراکز در تئاتر دیاسپورای ارمنی است.

با شروع زندگی جدید در فرهنگ جدید کم‌کم فعالیت‌های فرهنگی و هنری ارامنه هم شروع شد. در این میان هنر نمایش هم یکی از اتفاقات مهم این جامعه به شمار می‌رفت؛ فعالیت‌هایی که به غیر از رسم و رسومات سنتی و محلی خود، قدمی فراتر نهاد و پای متون فاخر غربی نیز به آنها باز شد. تجار و مسافرانی که به دلایل مختلف به کشورهای دیگر سفر می‌کردند، از همان ابتدا نگاه فرهنگی نیز برای جامعه خود داشتند. این امر باعث شد که متون فاخر ادبی توسط این

---

[۱] منطقه‌ای قدیمی و ارمنی‌نشین است که در دوره صفویان، در شهر اصفهان، در نزدیکی زاینده‌رود بنا شد. نامِ جلفای نو، از نام شهر جلفا در کرانه رود ارس گرفته شده است که ساکنان اصلی آن ارمنیان هستند. ارمنی‌های جلفای نو در زمان شاه عباسِ یکمِ صفوی ۱۶۰۵ از آنجا به اصفهان کوچانده شدند.

افراد به ایران آورده شود. در میان این کتاب‌ها آثار ارزنده و نفیسی از شیلر و شکسپیر و دیگر نویسندهای نامی جهان هم دیده می‌شود.[۲]

درباره تاریخ آغاز تئاتر جلفای نو نظرات متفاوتی ابراز شده است. هر کدام از این پژوهشگران عرصه تاریخ و تئاتر نظرات مختلفی در این زمینه دارند ولی اکثر آنان آغاز تئاتر جلفای نو را بین ۱۸۸۶-۱۸۸۸ میدننده اما نکتهٔ بسیار مهم در این زمینه اتفاق نظر اکثر این نظریه‌پردازن در مورد یک اجرای تئاتر است که در این مقاله به آن خواهیم پرداخت.

آنچه در آرشیو اسناد و کتابخانهٔ کلیسای وانک[3] در این مورد وجود دارد دو سند مهم است که دربرگیرندهٔ اطلاعات بسیار مهمی از این نمایش است.

---

[۲] ازیکی از بهترین مترجان شکسپیر می‌توان به هُوهانِس خان ماسِحیان (۱۸۶۴-۱۹۳۱) ملقب به مساعدالسلطنه، نویسنده و دیپلمات ارمنی، اولین وزیر مختار ایران در ژاپن و آلمان، و بریتانیا و نماینده ارامنه در دوره ششم مجلس شورای ملی اشاره کرد.

[۳] نام کلیسایی است در محله جلفا اصفهان و در زمان شاه عباس دوم ساخته شده است. وانک در زبان ارمنی به معنی صومعه است. این کلیسا و ساختمان مجاور آن مرکز دینی و اجتماعی ارامنه اصفهان، جنوب ایران و در زمانی که مقاله درباره آن صحبت می کند، مرکز دینی ارمنیان هند هم بوده است.

ԽԷՉՕՅԻ ԹՈՒԶԸ

ՖԱՐՍ–ՎՕԴԷՎԻԼ

ՄԷԿ ԱՐԱՐՈՒԱԾՈՎ

ՀԵՂԻՆԱԿՈՒԹԻՒՆ

ԵՄԻՆ ՏԷՐ-ԳՐԻԳՈՐԵԱՆՑԻ

ԵՐԿՐՈՐԴ ՏՊԱԳՐՈՒԹԻՒՆ

1

ЭРИВАНЬ

Типографія Эмина Тер-Григорянцъ

1894

Iran، Isfahan، Document number 1 Vank Church Library

ترجمهٔ سند شمارهٔ یک به این شکل است:

انجیرِ خِچوُ

فارس وُدِویل[4]

در یک پرده

اثر اِمیْن دِر گِریگوُریان

چاپ دوم

Printed House of Emil Ter Grigorian 1894

[4] یک شکل کمیک نمایشی که در اواخر قرن ۱۹ در فرانسه به وجود آمد و بعدها به کانادا و امریکا هم انتشار یافت.

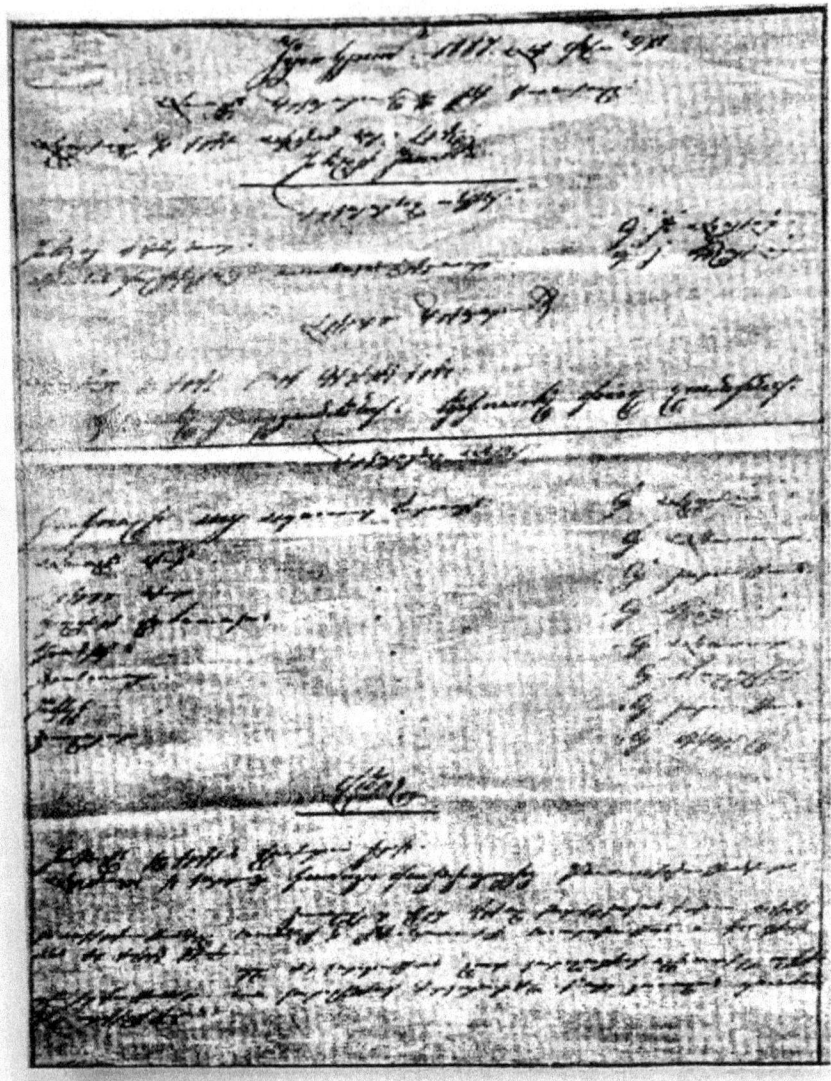

Document number 2 www.abcarians.com

ترجمهٔ سند شماره دو به این شکل است:

پروگرام ۹ فوریه ۱۸۸۷

اولین نمایش به شرح ذیل خواهد بود

اقایانس آواز ارمنی اراگادز[۵] را خواهد خواند

انجیرِ خِچو

بازیگران

خچو[۶] (یک خدمتکار نادان)	آقای آقایانس
مونون کالپیچیانس (جوان تحصیلکرده)	آقای میرزایانس

قسمت دوم

آقایانس ترانهٔ زیبا و نیکی[۷] را خواهد خواند

هردوی ما گرسنه‌ایم، هر دوی ما هم بی‌پولیم

بازیگران:

کاکولی وای (خدمتکار مهمان سرا)	آقای آقایانس

[۵] اشاره به اوازی برای کوهی به نام اراگادز در ارمنستان می‌کند که دارای ۵ قله است.

[۶] خچو اسم است و در زبان ارمنی مخفف اسم خاچاطور.

[۷] اشاره به دو ترانه مهم و نوستالژیک ارمنی دارد.

میهمان اول	آقای آسدِوادزادور
میهمان دوم	آقای هاروتیون
بازرگان اهل استانبول	آقای میرزایانس
دانته	آقای استوادزادور
فرنسوا	آقای جالالیان
پزشک	آقای هاروتیون
سوفلور (یاد آواری کنندهٔ متن نمایش)	آقای میکأیل

پایان

گروه همه با هم ترانهٔ شهر وان [8] را می‌خوانند

آقایانس اشعاری از گامار کاتیبا [9] می‌خواند.

---

[8] چندین آواز درباره وان وجود دارد اما نکته مهم درباره این اوازها ارامنه شهر وان هستند که یکی از مهمترین شهرهای ارمنی در ارمنستان غربی زندگی میکنند.

[9] Gamar Katipa .، گروهی ادبی در موسکو (۱۸۵۴)، که بنیانگذارانش رافائل پاتکانیان، مِناتساگان تیِموریان و گِئورگ کانانیان بودند. این اسم برگرفته از حروف اول نام و نام خانوادگی بنیانگذاران به همراه حرف صدادار «آ» است. هدف آنها توسعه زبان ادبی ارمنی که در آن زمان از شکل کهن خود عوض می‌شد (تا برای

امیدواریم این دو مختصر نمایش طنز مورد طبع و خوشایند شما جماعت بزرگوار قرار گیرد و از صحنه کوچک ما راضی بمانید.

ما در حد توان تلاش کردیم تا سوگنامهٔ ملیمان[10]را به نمایش بگذاریم اما علل گوناگونی مانع از انجام این کار شد.

نمایش انجیر خچو به همراه نمایش دیگری با عنوان "هردوی ما گرسنه‌ایم، هر دوی ما هم بی‌پولیم" جزو اولین اجراهای جامعه ارامنهٔ ایران است که اولین بار در رشت و بعد در جلفای اصفهان به صحنه رفته است. این نمایش از دسته نمایش‌های نوکر و ارباب است و در تاریخ ۹ فوریه ۱۸۸۷ در جلفای اصفهان و در خانهٔ سیمون توسط بگلر آقایانس و هوسپ میرزایانس به اجرا در آماده است. این خانه که به شکل خانه باغ است در ابتدا متعلق به شخصی به نام سیمون بوده است که بعدها توسط کلیسای وانک خریداری می‌شود.

عموم مردم قابل فهم باشد)، ترویج و القای عشق به مطالعه در جوامع ارمنی و کاشتن آگاهی ملی در افکار ارامنه بود.

[10] ممکن است به وضع اسفبار ارامنه در ارمنستان تحت سلطه عثمانی یا سلطه امپراتوری روس اشاره داشته باشد.

رسم توضیحی ۱، نمایی از خانهٔ سیمون، عکس از آرشیو نیکید میرزایانس

نمایش‌های نوکر و اربابی سابقهِ طولانی در فرهنگ‌های نمایشی مهم دنیا دارند از کمدیا دلارته گرفته تا تخت حوضی ایرانی، همیشه دو قشر از جامعه هستند که دربرگیرندهٔ دو قطب اصلی این شکل نمایشی به شمار میروند، طبقه فرادست و طبقه فرودست.

همیشه نوکر از طبقه فرودست جامعه می‌آید و اکثرا رندی و زیرکی‌های خود را دارد و در طرف مقابل اربابی وجود دارد که یا پیر و خسیس است یا تحصیلکرده. رویارویی این دو قشر در صحنه کمدی کلامی و موقعیتی را ایجاد می‌کند که برای تماشاگر بسیار جذاب است. ولی به غیر از این جذابیت صحنه‌ای نکتهٔ بسیار مهمی در این اجرا (انجیرخچو) وجود دارد و ان اینکه فقط دو بازیگر در این نمایشنامه وجود دارند و این کار را برای بازیگران بسیار سخت می‌کند و مهارت اجرایی بسیار بالایی را می‌طلبد.

نکتهٔ دیگر آگاهی سازندگان این نمایش از شکل ایرانی و احتمال غربی این ژانر نمایشی است که بالطبع با شناختی که از روابط فرهنگی ارامنه

ایرانی داریم، امری است بدیهی که می‌تواند منجر به یک ترکیب نمایشی بسیار چشم‌نواز شود.

نگاه تحلیلی

در هر دو نمایش نام دو چهرهٔ شاخص، بگلر آقایانس و هووسپ میرزایانس به چشم می‌خورد که هستهٔ اصلی تئاتر را ابتدا در رشت (۱۸۸۴م) و سپس در جلفای نو اصفهان (۱۸۸۷م) به وجود آوردند و آن را سازماندهی کردند.

هووسپ میرزایانس[۱۱] چهره‌ای معروف و شناخته شده در جامعهٔ ارمنیان ایران است اما بگلر آقایانس احتمالاً دوستی هم‌سلیقه و هم‌عقیده با وی بوده که با همکاری یکدیگر به نقش‌آفرینی در عرصهٔ هنر تئاتر پرداخته‌اند. در آن زمان میرزایانس جوانی نوزده ساله و تحصیل‌کرده با افکاری تجددطلب و روشنفکرانه بود که می‌بایست شخصی همچون بگلر آقایانس را در این امر مقدس یاری می‌کرد. متأسفانه، دربارهٔ زندگی و شخصیت آقایانس اطلاعات اندکی در دست است. تنها می‌دانیم که او اهل قراباغ و ساکن تبریز بوده و در

---

[۱۱] هووسپ (یوسف) میرزایانس (۱۸۶۸ ۱۹۳۵م)، ادیب، مترجم و اولین نمایندهٔ ارمنیان ایران در مجلس شورای ملی.

اواخر قرن نوزدهم میلادی به اصفهان و شیراز مسافرت کرده و به هنر عکاسی پرداخته است.[۱۲]

در سند شمارهٔ یک که جلد نمایشنامه‌ای است که در سال ۱۸۹۴ چاپ شده است بیشتر اطلاعات اولیه از این نمایش به ما داده می‌شود که شامل عنوان نمایشنامه و نویسندهٔ اثر است ولی ذکر یک نکته می‌تواند بیانگر اطلاعات مهمی باشد و آن اینکه درست در زیر اسم نمایشنامه به گونه از ژانر تاتری اشاره میشود که از ۱۸۸۰ تا ۱۹۳۰ در آمریکا و کانادا رواج داشت. با توجه به اطلاق این نوع ژانر به این نمایش دو حالت پیش می‌آید.

اول اینکه خالق اثر با شناخت کامل این نوع ژانر نمایشی این نمایش‌نامه را خلق کرده، که امری بسیار ستودنیست. با توجه به اینکه در وُدویل[۱۳] اکثرا نمایش‌ها به صورت اپیزدیک ولی با موضوعات مختلف و کاملا مجزا از هم، اجرا می‌شود شاید «انجیر خچو» یکی از

---

12 Nikid Mirzayans، *Peyman Cultural Quarterly* No. 57، Tehran 2011.

۱۳ «وُدویل» (Vaudeville) وُدویل گونه‌ای از نمایش‌های متنوع و زنده بود که شامل مجموعه‌ای از اجراهای کوتاه، مانند نمایش‌های کمدی، آواز، رقص، شعبده‌بازی، آکروبات، تقلید صدا و حتی نمایش‌های حیوانات می‌شد. این برنامه‌ها بیشتر برای سرگرمی خانواده‌ها طراحی شده بودند و از دهه ۱۸۸۰ تا حدود دهه ۱۹۳۰ در ایالات متحده و کانادا بسیار محبوب بودند.

در بریتانیا، شکل مشابهی از این نوع نمایش‌ها تحت عنوان «موزیک هال» (Music Hall) شناخته می‌شد که شباهت زیادی به وُدویل داشت، اما تفاوت‌هایی نیز در ساختار و سبک اجرا میان آن‌ها وجود داشت. با ظهور سینما و رادیو، محبوبیت وُدویل و موزیک هال به‌تدریج کاهش یافت و سرانجام بسیاری از اجراکنندگان آن به سینما و تلویزیون روی آوردند.

قسمتهای «یک» مجموعهٔ نمایشی بوده است که در زمانهای مختلف و نزدیک بهم به روی صحنه رفته است.

در نگاه دیگر می‌توانیم به انتشاراتی که این نمایش‌نامه را بعدها چاپ کرده اشاره کنیم، که حتا اگر ناشر این ژانر را به این نمایش‌نامه نسبت داده باشد می‌توان گفت که به طور قطع این نمایش‌نامه حتما دارای چهارچوپ ذکر شده از آن ژانر بود که ناشر به آن اشاره کرده است.

نگاه کرونولوژیک

تیگران آبکاریان[۱۴]که در سال‌های مختلف منشی انجمن تئاتر ملی جلفای نو بوده و نمایش‌هایی برای کودکان ترتیب داده بود در کتاب خود با عنوان «تئاتر ملی جلفای نو» (۱۹۱۳ - ۱۸۸۸) آغاز فعالیت تئاتر جلفای نو را نمایش «انجیرِ خِچو» در سال ۱۸۸۸ می‌داند ولی چند سال بعد در مقاله با عنوان «تئاتر» که در «سالنامه ارامنه ایران» چاپ می‌شود قدمت این مقاله را به ۱۸۸۶ نسبت می‌دهد.

آرام یرِمیان[۱۵] از دیگر پژوهشگران عرصه ادبیات و فرهنگ براساس کتاب آبکاریان و تاریخ سالگرد تئاترْ تأسیس تئاتر [در جلفای نو] را سال ۱۸۸۸ به حساب آورده است. لِؤن میناسیان[۱۶]که نویسنده آثاری

[۱۴] فیلولوژیست، ناطق و سخنران اهل جلفای اصفهان (۱۸۷۷ — ۱۹۵۰)

[۱۵] ۱۸۹۷-۱۹۷۲ نویسنده، محقق ادبی و هنرمند و تئوریسین هنری، فارغ التحصیل از دانشگاه تاریخ وین

[۱۶] (۱۹۲۰-۲۰۱۲) نویسنده و معلم و مسئول مرکز اسناد کلیسای وانک اصفهان

درباره زندگی فرهنگی جلفای نو است در کتاب تئاتر جلفای نو (۱۹۸٦ ـ ۱۸۸٦) آغاز فعالیت تئاتر را به سال ۱۸۸٦ نسبت می‌دهد.

اما نیکید میرزایانس،که یکی از پژوهشگران و اندیشمندان اهل جلفای نو است که در مقاله‌ای به مناسبت صدوبیست‌وپنجمین سالگرد تئاتر جلفای نو نظر دیگری دارد. او با توجه به سند شمارهٔ دو معتقد است که در ۹ فوریه ۱۸۸۷ دو کمدی کوتاهِ « انجیرِ خِچو» و «هر دوی ما گرسنه ایم، هر دوی ما هم بی‌پولیم» به روی صحنه رفته است. نکتهٔ بسیار جالب در مورد نیکید میرزایانس این است که او نوهٔ آقای میرزیانس است که در این نمایش نقش جوان تحصیلکرده را اجرا می‌کند.

نتیجه‌گیری

همانطور که گفته شد با آغاز زندگی نو در جغرافیای نو و گسترش مناسبات با شرق و غرب، راه انتقال تئاتر غربی هم به جوامع ارمنی باز شد. وجود کتاب‌های نمایشی و نمایشنامه‌های مختلف مطرح و فاخر که در طی سالیان متمادی از طریق تجار و مسافران ارمنی به ایران (جوامع ارامنه) آورده شده گواه این مطلب است.

در این مقاله تلاش شد تا ترجمه دقیق دو سند از نمایش انجیر خچو پرداخته شود.به غیر از ذکر این نکته که این نمایش دقیقا در چه تاریخی به روی صحنه رفته، می‌توان به نگاه بسیار دقیق و کاملا حرفه‌ای به مقولهٔ نمایش در جامعه آن زمان ارامنه اشاره کرد. نگاهی

دومان ریاضی

مثل‌زدنی که در مرور زمان باعث ادغام و ارتقاء فرهنگ نمایشی ارامنه خارج از ایران و ایران شده است و شاید از آن بتوان به عنوان یکی از اصلی‌ترین قطب‌های به‌روز رسانی نمایش ایران در دورهٔ قاجار نام برد.

دومان ریاضی

اپرا به مثابه یک فرهنگ

چکیده

اپرا، به‌عنوان هنری تلفیقی که در آن موسیقی، نمایش، شعر، صحنه‌آرایی و لباس به شکلی منسجم و چشم‌نواز در کنار یکدیگر قرار می‌گیرند، از دیرباز جایگاهی برجسته در میان اشکال گوناگون هنر نمایشی داشته است. این هنر، که ریشه در سنت‌های کلاسیک و اشرافی دارد، امروزه در بسیاری از کشورهای جهان، از جمله در قالب نهادهای هنری بزرگ و سالن‌های مخصوص، همچنان حضوری فعال و الهام‌بخش دارد.

نخستین‌بار، اپرا در سال ۱۵۸۹ میلادی، در شهر فلورانس ایتالیا، به همت و حمایت مالی فردیناندو دی مدیچی[1] و با تلاش گروهی از موسیقی‌دانان و روشنفکران به وجود آمد. این گروه که به «کامراتا فیورنتینا» (Camerata Fiorentina) «معروف بودند، در پی بازآفرینی و احیای تئاتر کلاسیک یونان باستان بودند، اما در این مسیر، به خلق شکلی نو از بیان هنری دست یافتند که بعدها «اپرا» نام گرفت. از آن زمان، اپرا به‌سرعت جایگاه خود را در دیگر کشورهای

---

[1] یکی از بزرگترین خانواده‌های تاریخ ایتالیا که ۱۴۳۴ تا ۱۷۳۷ در فلورانس حکمرانی می‌کردند و هنرمندان بسیاری وام‌دار این خانواده هنردوست هستند.

اروپایی همچون فرانسه، آلمان و انگلستان پیدا کرد و به‌تدریج به هنری جهانی بدل شد.»[۲]

آنچه اپرا را از دیگر اشکال هنری متمایز می‌کند، توانایی آن در انتقال مفاهیم انسانی، اجتماعی، سیاسی و فلسفی از طریق ترکیب هنرهای گوناگون است. اپرا نه‌تنها یک سرگرمی اشرافی یا هنری فاخر محسوب می‌شود، بلکه بستر مناسبی برای بازتاب تحولات فرهنگی و سیاسی هر دوره بوده است. از این رو، اپرا را می‌توان هم تجلی‌گاه فرهنگ عام (در قالب استقبال عمومی، اجراهای خیابانی یا اقتباس‌های مردمی) و هم نماد فرهنگ خاص (در نهادهای هنری رسمی، جشنواره‌های معتبر و حلقه‌های نخبه‌گرای هنری) دانست.

در این مقاله تلاش می‌شود نشان داده شود که چگونه اپرا از یک قالب هنری درباری و نخبگانی، به فرهنگی زنده و پویا تبدیل شده که می‌تواند همزمان مخاطب عام و خاص را با خود همراه کند؛ فرهنگی که هم میراثی تاریخی دارد و هم در بطن تحولات معاصر، حضور مؤثر و الهام‌بخش دارد.

واژگان کلیدی :اپرا، فرهنگ، ایتالیا، موسیقی، نمایش، هنر

---

[2] Piero Mioli, *Storia dell' opera*, Tascabili Economici Newton, Roma 1994, p. 9.

ریشه‌شناسی و خاستگاه اپرا

واژه‌ی «اپرا» در اصل از زبان لاتین و از واژه‌ی Opus به‌معنای «اثر» یا «کار» گرفته شده است.[3] این واژه از اوایل قرن هفدهم میلادی به نوع خاصی از نمایش اطلاق شد که در آن تلفیقی از چندین هنر —شامل موسیقی، آواز، بازیگری، طراحی صحنه، و لباس— در قالبی منسجم و هماهنگ اجرا می‌شد. اپرا از همان ابتدا با هدف خلق تجربه‌ای جامع و همه‌جانبه برای مخاطب به وجود آمد؛ تجربه‌ای که هم گوش‌نواز و هم دیدنی باشد.

نخستین اپرای لیریک در تاریخ ششم اکتبر سال ۱۶۰۰ میلادی به دست آهنگساز ایتالیایی، یاکوپو پری (Jacopo Peri)، در کاخ پیتی (Palazzo Pitti) شهر فلورانس به اجرا درآمد. این اثر که *ائوریدیچه* (Euridice) نام داشت، به مناسبت ازدواج ماریا دِ مدیچی،[4] دختر فرانچسکو دِ مدیچی،[5] با انریکوی چهارم، پادشاه وقت فرانسه،[6] ساخته و اجرا شد.[7] *ائوریدیچه* ساختاری ساده و تک‌صدایی (مونوفونیک) داشت و بیشتر به آواز روایی شباهت داشت تا آنچه امروزه از اپرا می‌شناسیم.

---

[3] Nicolo Zingarelli, A cure di Mario cannella e di Beata Lazzarini, *lo Zingarelli*, Zanichelli, Milano 2016, p. 1545.
[4] Maria de Medici (1575-1642)
[5] Francesco de Medici (1541-1587)
[6] Enrico IV di Francia (1553-1610)
[7] Mario Carrozzo, *Storia della musica occidentale*, Armando scuola, Roma 2008, pp 20-25.

تنها چند سال بعد، در ۲۲ فوریه سال ۱۶۰۷ میلادی، در شهر مانتوا، تحولی بنیادین در ساختار اپرا رقم خورد. در مراسم ازدواجی سلطنتی برای خانواده‌ی بانفوذ گونزاگا،[۸] آهنگساز برجسته کلودیو مونته‌وردی (*Claudio Monteverdi*) اثری به نام *اُرفه*[۹] (*L'Orfeo*) را اجرا کرد. مونته‌وردی با افزودن عناصری چون گروه کر، ارکستر کامل‌تر و بافت چندصدایی (پُلی‌فونیک)، ساختار ابتدایی و ساده‌ی اپرای پری را توسعه داد و به آن غنای موسیقایی و دراماتیک بیشتری بخشید. این اثر نقطه‌ی عطفی در تاریخ اپرا محسوب می‌شود و بسیاری از پژوهشگران، *اُرفه* را نخستین اپرای واقعی از نظر ساختار و فرم می‌دانند.

نمونه‌های یادشده به‌خوبی نشان می‌دهند که اپرا در آغاز پیدایش خود، هنری درباری و ویژه‌ی طبقات فرادست و اشرافی جامعه بود. این نمایش‌ها در محیط‌های بسته و رسمی مانند کاخ‌ها و برای مخاطبانی خاص، همچون شاهان، ملکه‌ها و اشراف‌زادگان، اجرا می‌شدند. بنابراین، در نخستین مراحل شکل‌گیری، اپرا نمادی از قدرت، تجمل و اعتبار سیاسی به شمار می‌آمد؛ نمادی که از طریق هنر به نمایش در می‌آمد.

---

[8] Carlo di Gonzaga (1580-1637)

[۹] یا اپرای اورفه ساخته کلودیو مونته وردی با لیبرتو از الساندرو استریجو

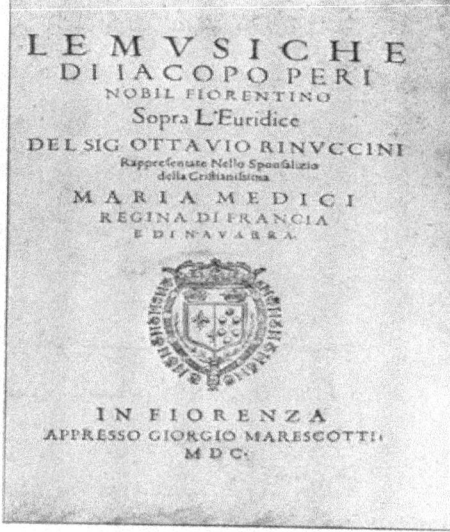

پوستر اپرای آندرومدا   پوستر اپرای ائوریدیچه

گذار از دربار به خیابان: اپرا برای مردم

اما این پایان ماجرای اپرا نبود. در نیمه نخست قرن هفدهم، تحولی اساسی در مسیر این هنر فاخر رقم خورد؛ تحولی که نقش مهمی در خروج اپرا از حیطه‌ی دربار و گشودن آن به روی مردم ایفا کرد. یکی از مهم‌ترین چهره‌های این دوران، بندتو فرراری (Benedetto Ferrari) بود؛ موسیقی‌دان، شاعر و نمایشنامه‌نویسی که در عین حال یکی از نخستین تهیه‌کنندگان حرفه‌ای اپرا به‌شمار می‌رفت.

فرراری به‌درستی دریافته بود که علاقه و وابستگی مردم ایتالیا به موسیقی و نمایش، امری عمیق و ریشه‌دار است. با این حال، تا آن زمان اپرا هنری انحصاری بود که تنها در چارچوب قصرها، کاخ‌های سلطنتی و مناسبت‌های رسمی طبقه‌ی اشراف اجرا می‌شد. فرراری از پیشگامانی بود که تلاش کرد این ساختار نخبه‌گرایانه را بشکند و اپرا را به فضای عمومی‌تر بکشاند؛ جایی که مردم عادی نیز بتوانند از آن بهره‌مند شوند.

نخستین تلاش‌های او در شهر ونیز به ثمر نشست، جایی که نخستین سالن عمومی اپرا، یعنی **تئاترو سان کاسیانو** (*Teatro San Cassiano*)، در سال ۱۶۳۷ افتتاح شد. این سالن اپرا، برخلاف پیشینیان خود که درباری و بسته بودند، به صورت بلیت‌فروشی اداره می‌شد و برای عموم مردم باز بود. فرراری از اولین کسانی بود که در این سالن‌ها به تهیه و اجرای اپرا پرداخت و در واقع، مسیر «مردمی‌شدن» اپرا را هموار ساخت.[10]

در این دوره، مضامین اپراها نیز به‌تدریج متنوع‌تر شد و صرفاً به روایت داستان‌های اساطیری و قهرمانانه دربار محدود نمی‌ماند. عناصر کمیک، زندگی روزمره و شخصیت‌های مردمی وارد صحنه شدند و اپرا توانست رابطه‌ای واقعی‌تر با مخاطب عمومی برقرار کند.

در واقع، ورود اپرا به فضاهای عمومی یکی از تحولات مهم تاریخ موسیقی و نمایش در اروپا به‌شمار می‌رود؛ چراکه این دگرگونی نه تنها

---

[10] Bracket, Oscar, traduttore Hushabgh Azadi var, *تاریخ تئاتر براکت* Morvarid, Teheran 2001, pp 294-295.

موجب افزایش محبوبیت اپرا شد، بلکه امکان تأثیرگذاری اجتماعی و فرهنگی این هنر را به‌مراتب افزایش داد.

گشایش اپرا برای عموم مردم: گام‌های نخستین در مردمی‌شدن هنر اپرا

در فوریه ۱۶۳۷ میلادی، بندتو فرراری توانست در گشایش نخستین سالن اپرا در ونیز، به نام **تئاترو سان کاسیانو** (Teatro San Cassiano)، فرصتی تاریخی برای مردم فراهم آورد تا برای نخستین بار در تاریخ، اپرا را از نزدیک تماشا کنند. این کار جسورانه، که به نوعی انقلابی در عرصه هنر نمایش به حساب می‌آمد، با موفقیت چشمگیری مواجه شد. سالن‌های اپرا که تا پیش از این، تنها در دربارهای سلطنتی و برای اشراف و نخبگان برگزار می‌شد، اکنون در دسترس عموم مردم قرار گرفت. این تحولی شگرف بود که زمینه‌ساز رونق اپرا در سراسر اروپا شد.

پس از افتتاح این سالن، موفقیت آن به‌حدی بود که بین سال‌های ۱۶۴۰ تا ۱۷۰۰، چهارسالن دیگر نیز در ونیز افتتاح شد و این شهر به یکی از مراکز مهم اجرای اپرا تبدیل شد. اپرای نخستینی که در تئاترو سان کاسیانو اجرا شد، **آندرومدا** (Andromeda) نام داشت و لیبرتویی از فرانچسکو مانلی (Francesco Manelli) برای آن نوشته شده بود. این اجرا نه تنها مورد استقبال گسترده مردم قرار گرفت، بلکه نشان داد که اپرا می‌تواند به عنوان یک هنر مردمی شناخته شود که فراتر از مرزهای دربار و طبقات اشرافی به دل مردم راه پیدا می‌کند.

نمود فرهنگی و اجتماعی اپرا

این فرآیندِ «مردمی‌شدن» اپرا، به تدریج به یکی از ویژگی‌های برجسته‌ی هنر نمایش در اروپا تبدیل شد. در گذر زمان، سالن‌های اپرا به مکانی برای تفریح و سرگرمی برای تمامی اقشار جامعه تبدیل شدند و به تدریج جایگاهی ویژه در فرهنگ عمومی پیدا کردند. امروزه در بیشتر مواقع، سالن‌های اپرا پر از تماشاگرانی است که از هر قشر اجتماعی و با هر سنی به تماشای این نمایش‌های هنری می‌نشینند.

نکته‌ی جالب و حائز اهمیت این است که با این که سالن‌های اپرا در بسیاری از مواقع مملو از تماشاگر است، این بدان معنا نیست که همه‌ی این تماشاگران از طبقات مرفه و ثروتمند جامعه هستند. برعکس، وقتی هنری جای خود را در دل مردم پیدا می‌کند، نهادهای فرهنگی و هنری با درک نیاز عمومی، اقداماتی را برای دسترسی بیشتر مردم به آن انجام می‌دهند. برای مثال، بسیاری از سالن‌های اپرا بلیط‌هایی با قیمت‌های مختلف ارائه می‌دهند یا طرح‌های ویژه برای اقشار کم‌درآمد در نظر می‌گیرند تا همه بتوانند از این تجربه فرهنگی بهره‌مند شوند.

فرهنگ بومی و اپرا

از دیگر جنبه‌های جالب توجه در رشد اپرا، ساخت آثار ویژه برای کودکان و نوجوانان است. این اقدام به‌ویژه در چند دهه اخیر رشد زیادی داشته است و برای نسل‌های جدید فرصتی فراهم کرده تا علاوه

بر لذت بردن از این هنر، با فرهنگ ملی و بومی خود نیز آشنا شوند. این آثار نه تنها برای آموزش بلکه برای تقویت هویت فرهنگی جوانان طراحی می‌شوند.

در کنار این پیشرفت‌ها، موضوع دیگری که باید به آن اشاره کرد، استفاده از داستان‌های بومی و محلی در اپرا است. اپراهایی که داستان‌های مردمی و محلی را روایت می‌کنند، اغلب حاوی عواطف و احساسات جامعه‌ای هستند که خود این داستان‌ها را از نزدیک تجربه کرده‌اند. این داستان‌ها برای مردم به نوعی آشنا هستند و در ضمیر ناخودآگاه آنها حک شده‌اند. در حقیقت، اپرا به عنوان یک رسانه هنری، برای بسیاری از افراد یک پل ارتباطی با احساسات و تجربیات روزمره‌شان بوده است و از این طریق، خود را به بخشی از زندگی اجتماعی و فرهنگی مردم تبدیل کرده است.

نتیجه‌گیری: اپرا به عنوان نماد فرهنگی ملی و جهانی

در نهایت، می‌توان گفت که اپرا نه تنها بخشی از تاریخ و فرهنگ ایتالیا، بلکه به‌عنوان یک هنر جهانی، تأثیرات گسترده‌ای بر جوامع مختلف گذاشته است. از آغازهای آن در دربارهای سلطنتی و کاخ‌های اشرافی تا تحولی که با تلاش‌هایی چون آنچه توسط بندتو فرراری در ونیز انجام شد، موجب شد اپرا از انحصار اشراف خارج شده و در دسترس مردم قرار گیرد، این هنر همچنان با قدرت به شکلی زنده و پویا در جامعه باقی مانده است. اپرا توانسته است به عنوان یک نماد فرهنگی بومی و ملی، ارتباط خود را با مردم ایتالیا حفظ کند و در عین

حال، به یک پدیده جهانی تبدیل شود که مخاطبان و هنردوستان از سراسر جهان را جذب می‌کند.

اپرا به‌عنوان یک زبان هنری، نه تنها به بیان داستان‌های اسطوره‌ای و افسانه‌ای پرداخته، بلکه توانسته است به نیازهای روحی و عاطفی مردم پاسخ دهد و در طول تاریخ، با تحولات اجتماعی و فرهنگی جامعه همگام باشد. موسیقی، داستان‌های بومی و شخصیت‌های انسانی که در این آثار به تصویر کشیده می‌شوند، ارتباط عمیقی با مردم برقرار کرده و باعث شده است که این هنر در دل فرهنگ ایتالیا ریشه دوانده و به یکی از عناصر اصلی هویت ملی تبدیل شود.

در حال حاضر، اپرا نه تنها نماد فرهنگی ایتالیا، بلکه به عنوان یکی از مهم‌ترین اشکال هنری جهانی شناخته می‌شود. از سالن‌های تاریخی ونیز گرفته تا صحنه‌های معتبر جهانی، اپرا همچنان به عنوان یک هنر فاخر و تأثیرگذار در سراسر جهان شناخته می‌شود. این هنر با انتقال پیام‌های انسانی، احساسات و داستان‌های مختلف، در مرزهای جغرافیایی فراتر از مرزهای ملی گسترش یافته و به بخشی از فرهنگ جهانی تبدیل شده است.

بنابراین، اپرا را می‌توان به‌عنوان نمادی از قدرت هنر در پیوند دادن جوامع مختلف و ایجاد ارتباط‌های جهانی میان فرهنگ‌ها و انسان‌ها در نظر گرفت. این هنر به‌ویژه در دنیای معاصر، همچنان ظرفیت عظیمی برای تأثیرگذاری و الهام‌بخشی به افراد از تمامی ملل و فرهنگ‌ها دارد.

فهرست و منابع:

Piero Mioli، *Storia dell' opera*، Tascabili Economici Newton، Roma 1994.

Nicolo Zingarelli، A cure di Mario cannella e di Beata Lazzarini، *lo Zingarelli*، Zanichelli، Milano 2016.

Mario Carrozzo، *Storia della musica occidentale*، Armando scuola, Roma 2008.

Oscar Bracket، translate by Hushabgh Azadi var، *History of the theaten* Morvarid، Teheran 2001.

دومان ریاضی

گوسان پارسی- کریشنای هندی

چکیده

در تاریخ جهان دیده شده است که مردم کشوری برای زمان طولانی به عناوین مختلف از قبیل جنگ، مهاجرت، دین و.. به یک زبان دیگر هم سخن گفته اند. این آمیختگی زبان و فرهنگ باعث به وجود آمدن سبکها و فرمهای هنری بسیاری شده و همینطور تاثیرات متقابلی بر روی فرهنگ و هنر هر دو کشور، از آنزمان به بعد گذارده است.

در پژوهش‌های باستانشناسانه‌ای که پیش از انقلاب توسط پروفسور اد کیل و هیئت باستان‌شناختی کانادایی در قلعه یزدگرد صورت گرفت یک ستون نقشدار نیز یافت شد که حاوی نقوش مختلفی بود. بعد از مدتی این ستون (شاید ستونها) به موزه رام[1] واقع در شهر تورنتو انتقال یافت.

با توجه به پژوهش‌هایی که در این زمینه انجام دادم متوجه شدم که یکی از این نقوش، می‌تواند مربوط به یک رقصنده یا خنیاگر باشد و جالب‌تر اینکه فرم و پوشش این رقصنده شباهت زیادی به گوسان پارتی و شاید کریشنا ایزد هندی دارد. با توجه به اسناد و مدارک موجود در باره گوسان‌ها که جزو یکی از اولین و مهمترین گونه

---
[1] Royal Ontario Museum

گوسان پارسی - کریشنای هندی

بازیگران خنیاگر بودند، این فرضیه مطرح می‌شود که آیا این دیوار نگاره می‌تواند نقشی از یک گوسان باشد؟ و اینکه نقش برجسته یک گوسان چطور می‌تواند زینت بخش قصر یک شاه شود؟ بر آن شدم تا پژوهشی را به این عنوان انجام دهم.

کلمات کلیدی: گوسان. کریشنا. قلعه یزدگرد. ساسانیان.

مقدمه

ایران و هند دو تمدن کهن با مرزهایی به هم پیوسته هستند که از دیرباز تا کنون روابط متعدد تجاری، فرهنگی، مذهبی و هنری داشته‌اند.

اگر اولین مهاجرت و برخورد این دو فرهنگ را زمانی بنامیم که عده زیادی از پارسیان شمال و شمال شرق ایران به سمت ایالت سند رفتند، روابط ایران و هند به حدود سه هزار سال پیش برخواهد گشت. همینطور در دوره هخامنشی نام هند در کتیبه پرسپولیس هم آمده، کما اینکه داریوش بزرگ تا ورای منطقه سند نیز رسیده بود.

اما بی‌شک یکی از بزرگترین و گسترده ترین روابط ایران و هند را می‌توان در دوران ساسانی جستجو کرد زمانی که به غیر از روابط سیاسی و اقتصادی روابط وسیع مذهبی و فرهنگی هنری این دو تمدن

برقرار می‌شود. روابطی که بین ساسانیان و گوپتاها در شمال و مرکز و چالوکیه در جنوب بیشتر مبنای فرهنگی داشتند.

با نگاهی دقیق به سرزمین پارس و هند دوره ساسانی، و ارتباطات هنری و صد البته تاثیرات متقابلی که بر هم داشتند، و از طرف دیگر ارتباطات مذهبی که شامل ترویج آئین مهر پرستی،گسترش آئین بودایی، انتقال علوم و معارف هندی، وبالطبع ترجمه آن به زبان پهلوی شد، می‌توان گفت که هر دو فرهنگ تاثیرات شگرفی در آن دوره بر روی هم نهادند.

بر هیچ کس پوشیده نیست که در آن دوره نقاشی ایران تاثیر زیادی بر روی نقاشی هند گذارد.[۲] از طرفی دیگر نفوذ آیین و هنر بودایی و گسترش سریع آن در شرق ایران و تاثیراتی که این دو بر روی هم گذاردند باعث تکامل هنر ایرانی- بودایی شد.

از طرفی دیگر آثار روابط بین دو فرهنگ را در کتیبه‌هایی که در هند و دوره ساسانی نوشته شده میتوان به خوبی یافت که برجسته‌ترین آنها در غارهای آجانتا[۳] و در نقاشی‌های سقفی و دیوارنگاره‌های غارهای شماره یک و دو به خوبی پیداست و قدمت آن به حدود اوایل و شاید کمی قبل تر از قرن هفتم میلادی است.[۴]

---

۲ نگاه شود به دیوارنگاره‌های غار معبد اجانتا در شهر اورنگآباد ایالت ماهاراشترا در غرب هند.

۳ ۳۰ غار با قدمت ۲۰۰۰ ساله که در شهر جالگائون هندوستان قرار دارد.

۴ علی اصغر حکمت. اقل عباد، *نقش پارسی بر احجار هند*، چاپ تابان، تهران ۱۳۳۷، ص ۹.

پر واضح است که در روند آمدورفت‌ها بین شرق و غرب باستان تاثیرات متقابلی بر فرهنگ و هنر یکدیگر گذاشته‌اند. یک نمونه بارز از این تاثیرات را در اثر شگرف و تکرارنشدنی ایرانی هزار افسان یا همان هزار و یک شب به وضوح می‌توان دید. اثری که با همه بی‌مهری‌هایی که از طرف بعضی پژوهشگران غربی به اصل و زادگاهش {ایران} شده، بن و چهار چوب کامل ایرانی دارد و افزوده‌هایی که با هر آمدورفت و ترجمه‌ای به آن شده هیچ چیزی از پیکره‌ی فرهنگی ایرانی مآب آن نزدوده است.[۵]

بیان مساله:

هنر داستان‌گویی و داستان‌پردازی در ایران از دوران باستان تا به امروز سابقه‌ای کهن داشته گویی روایت کردن به عنوان یک فرهنگ در سینه‌های ایرانیان ثبت شده است آنگونه که ادبیات ایران را میتوان جزو ادبیات داستان‌ساز و صد البته داستان‌گوی تو در تو نامید.

اینکه در داستان‌های ایرانی درون‌مایه‌ای آمیخته از تاریخ و فلسفه و روایت سنت بوده بر هیچ‌کس پوشیده نیست. اما چگونگی ماندگاری این داستان‌ها که اغلب سینه به سینه نقل و به امروز رسیده امری است هنرمندانه که نیاز به پژوهش‌های فراوان دارد.

---

[۵] رجوع شود به گفتار بی‌نظیر استاد بهرام بیضایی در *هزار افسان کجاست*.

بی‌شک یکی از عوامل ماندگاری این داستان‌ها راویان آنهاست. شکلی از این راویان که از دوره کهن یکی از خواستگاه‌های هنر داستانگویی بودند گوسان یا کوسان‌ها هستند.

گوسان در لغت فارسی به موسیقی‌دان و خنیاگر اطلاق می‌شود. در زبان پهلوی به کسانی که ترانه ملی و مردمی می‌خواندند و حماسه‌سرایی می‌نمودند گوسان یا کوسان می‌گفتند.[6]

گاث یا گاه در زبان پهلوی به معنی سرود آمده است.[7] با افزودن پسوند جمع ان این کلمه تبدیل به گاثان یا گاهان می‌شود که به بخشی از اوستا که سروده‌های اوستاست گفته می‌شود. نزدیکی کلمه گوسان به گاثان و صد البته معنی آن نیز که بی‌ربط نمی‌باشد، می‌تواند این فکر را در خواننده ایجاد کند که علاوه بر مغان زرتشتی شاید گوسان‌ها هم راویان گاه‌ها بودند کما اینکه برای روایت یک متن، هرچقدر روایتگر کاربلد تر باشد تاثیر آن بهتر است.

همین واژه در زبان ارمنی به معنی نوازنده مردمی، نوازنده یا خواننده عاشق (مرد یا زن)، همچنین خواننده در تئاترها، بازیگر، اطلاق

---

[6] دکتر محمد معین، فرهنگ واژگان معین، جلد سوم، چاپ دوم، انتشارات نامن، تهران ۱۳۵۰، ص ۲۱۳۶.
[7] بهرام فره وشی، فرهنگ فارسی به پهلوی، انتشارات و چاپ دانشگاه تهران، تهران ۱۳۸۰، ص ۴۲۲.

می‌شود. نکته جالب اینکه در کنار این معنی به سازهای دهل و زورنا و دو کلمه شادی و جشن، نیز اشاره شده است.[8]

در زبان کردی نیز واژه گوسان به یک نوع گیاه تلخ که در صحرا می‌روید اطلاق می‌شود[9] که شاید کنایه به زبان گاها تلخ‌وتند انتقادی گوسان دارد اما کلمه کوسان به نوازنده موسیقی اطلاق میشود.

واژه گوسان در ادبیات کهن ایران کم و بیش سه بار به کار برده شده است. اولین مکتوبی که در آن به این واژه اشاره شده است یکی از شاهکارهای ادب پارسی، منظومه *ویس و رامین* اثر فخرالدین اسعد گرگانی است که داستانش به دوران پارتیان نسبت داده می‌شود. در این منظومه واژه گوسان یا کوسان سه بار به چشم میخورد:

نشسته گرد رامینش برابر　به پیش رام، گوسان نواگر[10]

شهنشه گفت با گوسان نایی　زهی شایسته گوسان نوایی[11]

سرودی گفت گوسان نو آیین　درو پوشیده حال ویس و رامین[12]

دومین اثری که در آن به این واژه اشاره شده است کتاب *مجمل التواریخ القصص* است که آنرا به ابن شادی اسدآبادی نسبت می‌دهند.

---

[8] Գուսան : استپان مالخاسیان، *فرهنگ لغت ارمنی*، انتشارات دولتی سوسیالیستی اتحاد جماهیر شوروی و ارمنستان، ایروان ۱۹۴۴.ص ۴۷۰.

[9] عبدالرحمان شرفکندی، *هنبانه بورینه*، انتشارات سروش، تهران ۱۳۶۹، ص ۷۰۲.

[10] فخر الدبن اسعد گرگانی، *ویس و رامین*، کالج پردیس، کلکته ۱۸۶۵،ص ۲۱۸.

[11] همان ص ۲۱۸.

[12] همان ص ۲۱۸.

در قسمتی از این کتاب بهرام گور دستور به دعوت گوسان‌ها از دیار هند می‌دهد.

" *او (=بهرام گور) همواره از احوال جهان خبر داشت وکس را هیچ رنج و ستوه نیافت جز*

آنکه مردمان بی رامشگر شراب خورندی پس به فرمود تا به ملک هند نامه نوشتند و از

وی گوسان خواستند و گوسان به زبان پهلوی خنیاگر بود پس از هندوان دوازده هزار مطرب

بیامدند زن و مرد و لوریان که هنوز به جایند از نژاد ایشانند و ایشان را ساز و چهار پا داد

تا رایگان پیش اندک مردم رامشی کنند.[۱۳]

از این نوشته دو برداشت می‌توان کرد. اول اینکه گوسان اصل هندی دارد و به دعوت بهرام گور به ایران‌زمین آمده‌اند.

ولی در شکل دوم اگر متن را به دو قسمت تقسیم کنیم، یعنی از ابتدا تا جایی که نویسنده میگوید [*گوسان به زبان پهلوی خنیاگر بود*] و قسمت دوم ادامه متن را شامل می‌شود.

---

[۱۳] ابن شادی اسدآبادی، *مجمل التواریخ و القصص*، تصحیح ملک‌الشعرا بهار، کلاله خاور، تهران ۱۳۱۸ ص ۶۹.

گوسان پارسی - کریشنای هندی

اگر زمان نگارش کتاب دوره سامانی باشد و روایتی که نوشته شده به دوره ساسانی برگردد یعنی حدود چهار صد سال قبلتر وبا توجه به اینکه گوسان، واژه دوره اشکانی و ساسانی است و بعد از ورود دین اسلام این راویان به ندرت و در بعضی نقاط ایران بودند، استنباط دوم به این شکل خواهد بود که خالق اثر فرض را به این میگذارد که مخاطبش از معنی این واژه آگاه نیست وبه یک کلمه هم خانواده اشاره میکند. از همه این سخنان که بگذریم رساله بی نظیر خسرو *قبادان و ریدک وی* مثال بسیار خوبی برای اثبات این سخن است رساله ای که در آن از توانمندی موسیقی پارسی هم سخنها گفته میشود[14].در قسمتی از این کتاب ندیم خسرو هنر موسیقی خود را اینچنین توصیف میکند: " *نیز در چنگ؟ بربط- طنبور- سنتور- ودر هر (نوع) سرود و چکامه ودر پاسخ گفتن استاد* مردم ام[15]" .

سومین کتابی که در آن به واژه گوسان اشاره شده کتاب حماسی از نویسنده ای ناشناخته که به قرن ششم هجری قمری نسبت داده میشود و داستان شهریاری بیست ساله مصری است که سرزمین‌های هند، چین و ایران را زیر پا میگذارد تا همسری بیابد ودر دمشق دل به دختر شهریار فرزانه دمشق میبندد.

بر آورد گوسان ز هر سان نوا نوایی کجا کرد دل را نوا[16]

---

[14] امیر اکبری، *تاریخ اجتماعی ایران در عصر ساسانی*، انتشارات محقق، مشهد ۱۳۸۱، ص ۱۸۹.

[15] دکتر محمد معین، فرهنگ معین، انتشارات امیرکبیر، تهران ۱۳۵۰، ص ۸۸.

[16]انجمن آثار و مفاخر فرهنگی *همای‌نامه*: منظومه ناشناخته حماسی؛ مقدمه و تصحیح و حواشی از محمد روشن، تهران ۱۳۸۳، ص ۶۷.

اینکه دقیقا اصل و ریشه‌ی این بازیگران از کجا و چه زمانی بوده موضوعی است که پژوهش فراوان می‌طلبد ولی به گفته ابن‌ندیم:

"فارسیان اول، تصنیف کنندگان اولین افسانه بوده، و آن را به صورت کتاب در آورده و در خزانه‌های خود نگهداری. و آن را از زبان حیوانات نقل و حکایت می‌نمودند. و پس از آن پادشاهان اشکانی بودند که دومین سلسله پادشاهان ایرانند. آنرا به صورت اغراق‌آمیزی درآورده، و نیز چیزهایی به آن افزوده..."[۱۷]

آنچه از سخن ابن‌ندیم بر می‌تابد این است که در دوران هخامنشی راویان و تصنیف‌گرانی کار بلد بودند که به روایت داستان‌ها می‌پرداختند شاید نه دقیقا گوسان‌ها، ولی همانطور که او میگوید در دوره اشکانی چیزهای دیگری هم به روایت و شاید هم به روایتگری اضافه شده است.

در جایی دیگر دکتر تفضلی در کتاب تاریخ ادبیات ایران پیش از اسلام به گفتاری از آثار مانوی پارتی که به حدود قرن چهارم یا پنجم میلادی برمی‌گردد اشاره می‌کند: "*همچون گوسانی که هنر شهریاران و کَی‌های پیشین را بیان می‌دارد و خود هیچ نکند.*" [۱۸]

تفسیری که از این گفتار بر می‌آید این است که گوسان‌ها روایتگر داستان شاهان و حکمرانان بوده‌اند و به نحوی انتقال تاریخ شفاهی سرزمین پارس و شاید دیگر بلاد نیز در این روایتها با آنان بوده است.

---

[۱۷] ابن ندیم، *الفهرست*، ترجمه محمد تجدد، چاپ اول، انتشارات اساطیر، ۱۳۸۱ ص ۵۳۹.

[۱۸] احمد تفضلی، *تاریخ ادبیات ایران پیش از اسلام*، سخن، تهران ۱۳۷۶ ،ص ۷۶.

به هر حال پایه را بر این می‌نهیم که گوسان‌ها در حدود امپراطوری اشکانی و شاید کمی قبل‌تر در ایران‌زمین پدید آمدند و روایتگر آثار حماسی و عاشقانه در میان مردم و پادشاهان بودند. می‌توان گفت جزو اولین داستان سرایانی بودند که به شکل هنرمندانه این داستانهای قهرمانانه با درون مایه سنتهای زیبای ایرانی و با همراهی موسیقی اجرا میکردند.

در کنار خنیاگری که کارکرد بنیادین این هنرمندان به‌شمار می‌رود، آنها حافظان و ناقلان میراث ادبی مکتوب و شفاهی سرزمین پارس بودند که به صورت سینه به سینه، استاد به شاگرد منتقل می‌شد. می‌توان گفت به غیر از آن خنیاگری صنعتی است که در کنار شادی‌سازی در جامعه، گاها وظیفه نقد شاهان و حاکمان را نیز بر دوش می‌کشید.

دومان ریاضی

رسم توضیحی ۱ ستون منقش، یافت شده از قلعه یزدگرد، واقع در موزه رام شهر تورنتو

با استناد به سخن ابن‌ندیم که در بالا ذکر شد می‌توانیم بگوییم که گوسان‌ها یکی از مهمترین وارثان و انتقال دهندگان موسیقی و ادبیات سرزمین پارس از دوره هخامنشی به اشکانی بوده‌اند و توانستند این بخش از هنر پارسی را به سلامت از دوره سلوکی به اشکانی برسانند.

مری بویس در توصیف دایره کاری گوسان می‌نویسد:

"*این هنرمند به عنوان سرگرم کننده پادشاه و مردمان عادّی، در دربار از امتیازات، و نزد مردمان از محبوبیت خاصّی برخوردار بوده؛ او در گورستان و در بزم‌ها حضور می‌یافته؛ نوحه‌سرا، طنزپرداز، داستان‌گو، نوازنده، ضبط‌کننده دست‌آوردهای عهد باستان و مفسّر زمانه خویش بوده است.*"[۱۹]

تا قبل از ورود اسلام این راویان تقریبا در همه جای سرزمین پارس به هنرمندی خود مشغول بودند. اما با ورود دین و آئین نو اتفاقات دیگری افتاد و گوسان‌ها تقریبا به سه منطقه در ایران کنونی پراکنده شدند. خراسان، آذربایجان و کردستان سه منطقه ای بودند که امروزه هم می‌توان شکل تغییر یافته از گوسان‌ها را در آن دید.

اما در شهر کرمانشاه و بر فراز کوه دالاهو قلعه‌ای وجود دارد که تاریخ آن به دوره یزگرد ساسانی نسبت داده می‌شود. ساکنان آن خطه بر این باورند که یزدگرد و دخترش شهربانو پس از ورود اعراب به ایران در این قلعه مأمن گرفته‌اند.

---

[۱۹] مری بویس، «*گوسان پارتی و سنت خنیاگری ایرانی*»، دو گفتار درباره‌ی خنیاگری موسیقی ایران، ترجمه بهزاد باشی، آگاه، تهران ۱۳۶۸، صص ۷-۱۰۰.

در پژوهش‌های باستانشناسانه‌ای که پیش از انقلاب توسط پروفسور اد کیل[20] و هیئت باستان‌شناختی کانادایی در قلعه یزدگرد صورت گرفت یک ستون نقشدار یافت شد که حاوی نقوش مختلفی از جمله رقصنده‌ها بود.

بعد از مدتی این ستون (شاید بیشتر) به موزه رام واقع در شهر تورنتو انتقال یافت. یکی از اولین و معدودترین نظرهایی که در مورد این نقش برجسته داده شده مربوط به جورجینا هرمان[21] است که با کمی تردید آنرا به دوره اشکانی و مربوط به سرباز پارتی می‌داند.

---

[20] Ed Keall.
[21] Georgina Herrmann

رسم توضیحی ۲ از کتاب تجدید حیات هنر و تمدن در ایران باستان.[۲۲]

[۲۲]جورجینا هرمان، *تجدید حیات هنر و تمدن در ایران باستان*، مترجم مهرداد وحدتی، مرکز نشر دانشگاهی، تهران ۱۳۸۸.

با توجه به اینکه این نقش برجسته در قلعه یزدگرد بوده و تاریخ این قلعه حدودا به دوران ساسانی برمی‌گردد و اینکه طرح لباس و کلاه و فرم بدن که یک شکل کاملا نمایشی به خود دارد احتمال سرباز پارتی بودن این اثر را کمی دور از ذهن می‌کند. کما اینکه تنومندی و حس استحکام در نقش برجسته‌های سربازان پارتی، آن چیزی نیست که ما در نقش برجسته مورد نظر می‌بینیم و این حس ایستایی و استحکام بیشتر جای خود را به یک نرمش داده است.[۲۳]

با دقت در نقش برجسته‌های این ستون می‌توان به اشکال نمایشی در اکثر آنها پی برد. اما دو نقش از این ستون که جنبه واقعگرایانه‌تر دارند فرم‌ها و فیگورهایی دارند که بی‌شباهت به اجرا گر یا رقصنده‌های دوران کهن نیستند.

اگر زبان وسیله‌ای برای برقراری ارتباط است زبان بدن و یا به صورت دقیق رقص زبانیست سمبلیک و نمادگونه برای ابراز احساسات و عواطف و انتقال معنا بدون توجه داشتن به ملیت و قومیت مخاطب؛ آنهم عمیقتر و بنیادیتر که موجب بازگوئی نحوه تفکر و رفتار و فرهنگ یک جامعه با خالص‌ترین احساسات از سوی اجراگر می‌شود. آن‌هنگام که واژگان شروع به حرکت می‌کنند تبدیل به بیان و انتقال مفهومی در رقص‌های فولکلور می‌شوند که بی‌شک ریشه در اساطیر فرهنگ و ادبیات آن منطقه دارند که به شکل نمادگونه و نمایشی از جانب اجراگر پدید می‌آید.

---

۲۳ نگاه شود به مجسمه‌ها و نقش برجسته‌های پارتی و حس استحکام و ایستایی در آنها.

در این رقص‌ها روایت اتفاقات زندگی که به وضوح می‌توان آن را در روزمره دید، از طریق نمادها و سمبل‌هایی نشان داده می‌شود که نیازمند رمزگشایی می‌باشد.

این نمادها و سمبل‌ها در اجراگر از طریق عناصر و مولفه‌هایی تشکیل می‌شوند که به تنهایی قابل رمز گشایی نیستند ودر کنار هم قرار گرفتن این عناصر سبب تحلیل و تفسیر اتفاق کلی می‌شود.

اگر بخواهیم این نقش را به صورت جز به جز تحلیل کنیم باید به دو قسمت اصلی اشاره کنیم:

۱. فرم بدن.
۲. لباس

۱. فرم بدن

فرم بدن و حالت ایستایی و حس نرمش این نقش برجسته نشان دهنده روایتگر بودن فیگور می‌باشد. یک دست به کمر و دست دیگر به سوی آسمان گویی در حال روایت داستانی است. حرکت دستان اجراگر بی‌شباهت به حرکت دستان صوفی در هنگام سماع نیست. رقصی که می‌تواند به قبل از اسلام و دوران کهن‌تر برگردد. گذشته از این موضوع فرم بسیار روایتگرانه نقش برجسته نمایانگر حرکت آشنایی است که امروزه نقالان نمایش ایرانی از این جمله حرکات استفاده می‌کنند.

البته از این نکته نباید گذشت که فرم در کل بی‌شباهت به علامت سواستیکا نیست. سمبلی که در فرهنگ هند نشانه‌ای از خوب بودن به

شمار می‌رفت و اگر در شخص و یا یک شیئ استفاده می‌شد، برای خوش یمنی بود.

هند:

گریزی به ادبیات و فرهنگ هند می‌زنیم، کشوری که جهانبینی مردمانش آمیخته به انبوه هنرهاست. کشوری که خدایان و اساطیرش عناصر جدایی‌ناپذیر زندگی آنان به‌شمار می‌رود.

یکی از مهترین و زیباترین این هنرها، هنر رقص است. رقصی که از دیرباز تاکنون از شمال تا جنوب، از خدایان و اساطیر تا انسان‌ها ریشه در اعتقادات دینی مردمان آن مرز و بوم داشته است به نحوی که رقص را بهترین راه عبادت با خدایان می‌دانند.

این رقص‌ها به عناوین مختلف برای سپاس‌گزاری از خدایان، کاشت و برداشت محصول و جشن‌های مختلف برگزار می‌شود.

در رقص‌های هندی که بین شمال و جنوب آن کاملا متفاوت است رقصندگان با حرکاتی کاملا سمبلیک که شاید فهم آن برای مخاطب ناآشنا با این فرهنگ سخت باشد، به روایت داستان‌های ایزدان، اساطیر و داستان‌های حماسی می‌پردازند.[۲۴]

---

[۲۴] مریم قر سو، *مقاله تاریخ رقص در هند*، وب سایت فرهنگ امروز، ۱ اردیبهشت ۱۳۹۴.

با نگاه به اساطیر هند به ایزدی برمی‌خوریم که در آن به وضوح می‌توان به بعضی شباهت‌هایش با این نقش برجسته اشاره کرد. به غیر از فرم کلی اجراگر، شکل پاهای آن بسیار شبیه حرکت کریشنا است.

کریشنا در زبان سانسکریت و آئین هندو به معنی جذاب متعال است. کریشنا ایزدی است رقصنده و خنیاگر که در داستان زندگی‌اش بارها و بارها خنیاگریش دیده می‌شود[۲۵] چنانکه:

"پاییز فرا رسید و کریشنا در شبی و با نواختن فلوت دختران گاوبان را فراخواند، و دختران و زنان از بستر بیرون رفتند و به کریشنا پیوستند. رقص بزرگی آغاز شد و دختران بیمار عشق هریک در پرتو ماه چنان با کریشنا می‌رقصید که گویی کریشنا تنها محبوب اوست."[۲۶]

یا در جایی دیگر در زمانی که با اهریمنی (مار) به نام کالیا[۲۷] به نبرد بر می‌خیزد، او را با رقصیدن مطیع خود می‌سازد.[۲۸]

از نگاه دیگر کل فرم یک حالت گردی و چرخشی بودن دارد که از دست شروع شده و به انتهای پای راست ختم می‌شود و نمایانگر یک

---

[۲۵] ورونیکا ایونس، *اساطیر هند*، ترجمه باجالان فرخی، انتشارات اساطیر، تهران ۱۳۷۳ صص ۹۸-۱۲۴.

[۲۶] ورونیکا ایونس، همان، ص ۱۰۷.

[27] Kaliya

[۲۸] ورونیکا ایونس، همان، ص ۱۰۵.

حرکت از آسمان به زمین یا برعکس می‌باشد. فرمی که بی‌شک می‌تواند یاد آور رقص خاتاک یا ختک[۲۹] هم باشد.

دایره‌وار بودن این فیگور که شکلی کهن الگویی در ذهن و روان هر انسان است می‌تواند بازگو کننده یکی از اولین نمادهای جاودانگی، تقدس و مفهوم بی نهایت در انسان باشد. انسانی که همه چیز را فانی و زوال‌پذیر یافته بود در جستجوی گریزگاهی برای بی‌مرگی و جاودانه بودن بود.

میرچا الیاده معتقد است، فضاهای دایره‌وار و حلقه‌ای، حافظ و نگهدار هر آنچیزی است که در درون حلقه جای دارد.[۳۰] یونگ معتقد است که دایره تمامیت روان را در تمام جنبه‌های آن، از جمله رابطه انسان و کل طبیعت را بیان می‌کند. کارکرد دایره در اسطوره‌ها، رویاها، ماندلاها، آیین‌های پرستش خورشید و نیز نقشه‌های قدیم شهرها، بیانگر توجه به تمامیت به عنوان اصلی‌ترین و حیاتی‌ترین جنبه زندگی انسان است.[۳۱]

همچنین بر طبق متون فلاسفه و متالهان، دایره می‌تواند نماد الوهیت باشد، که این امر نه تنها مبتنی بر تغییرناپذیری آن، بلکه مبتنی بر

---

۲۹ یک رقص رزمی است که معمولاً با حمل شمشیر و دستمال توسط بعضی قبیله‌ها مانند پشتون در پاکستان و برخی مناطق شرقی افغانستان توسط رزمندگان قبل از رفتن به جنگها انجام می‌شود.

۳۰ میرچا الیاده، *رساله در تاریخ ادیان*، ترجمه جلال ستاری، توس، تهران ۱۳۷۲، ص ۸۹.

۳۱ کارل گوستاو یونگ، *انسان و سمبلهایش*، ترجمه محمود سلطانیه، جامی، تهران ۱۳۷۸، ص۳۷۹.

صحت و نیکی وجودش است که به‌صورت اصل، بقا، و هدف غایی هر چیز بسط می‌یابد.[۳۲]

با تمامی تعاریفی که از دایره شد می‌توان این تفسیر را کرد که چرخشی و حرکتی که در اجراگر دیده می‌شود یک حس داستانگویانه دارد که ادمه زندگی شاید ماورایی، را تعریف می‌کند.

۲. لباس

لباس این نقش برجسته به سه قسمت تقسیم می‌شود :

۱. کلاه
۲. پیراهن یا تونیک
۳. شلوار

۱/۲. کلاه

کلاه به غیر از یک پوشش می‌تواند به عنوان سمبل تاج، ریاست، تفکر و هویت باشد. از طرفی دیگر از نقطه نظر عرفانی اگر مو ابزار گیرنده اثرات آسمانی باشد، شاید این تفکر در ذهن مخاطب جلوه کند که با به سر گذاشتن کلاه این ارتباط قطع می‌شود ولی معنای برعکسی دارد نوک و لبه‌های تیز کلاه می‌تواند واسطه برقراری این ارتباط باشد. با

[۳۲] ژان شوالیه. آلن گربران، *فرهنگ نمادها*، ترجمه سودابه فضایلی، جلد سوم، انشارات جیحون، تهران ۱۳۸۲، ص ۱۶۵.

این تفسیر دستی که اشاره به آسمان دارد به همراهی کلاه آن انرژی را از آسمان، کائنات یا یزدان می‌گیرد و به بقیه بدن انتقال می‌دهد.

چنانچه کلاه را به‌مثابه نمادی از دانش و تفکر در نظر بگیریم، می‌توان گفت فردی که آن را بر سر دارد، به‌گونه‌ای آگاهانه و با بهره‌گیری از نمودهای نمایشی، در حال بازنمایی و انتقال آن دانش، اندیشه یا روایت به مخاطب خویش است.

از نقطه نظری دیگر اگر این کلاه را نزدیک به کلاه فریژه، کلاه سربازان میترا، یا همان کلاه آزادی که در میان پارتیان و بعد تقریبا رایج بود، بنمامیم، می‌توان این تفسیر را داشت که آزادی در بیان فکر و بالطبع کلام با این سمبل در این نقش برجسته تصور می‌شود.

لازم به ذکر است که در بین اقوام شمال ایران کهن (هخامنشیان و پارتیان) اینگونه کلاه باشلیق[۳۳] هم گفته می‌شد، که بیشتر افرادی که به سفر می‌رفتند بر ای محافظت از سرما و گرد و خاک بر سر می‌نهادند.

اینگونه می‌توان تصور کرد که خنیاگر و قصه‌گوی پارتی که می‌توانست برای مدت‌ها در سفر باشد نیاز مبرم به کلاهی داشت تا اور را از گزند سرما و گرما حفظ کند.

یا اگر تمثیل‌گونه به کلاه بنگریم می‌توانیم بگوییم که کلاه نمایشگر اندوخته‌ها و داستانهای شاهان و اساطیر بود که سینه به سینه ونسل به نسل به او رسیده بود و او نیز به مانند نیاکانش وظیفه روایت و انتقال آنرا عهده دار بود.

---

[۳۳]. در زبان آذری یعنی چیزی برای سر یا چیزی که بر سر می‌نهند.

۲/۲ . پیراهن یا تونیک.

پیراهن نقش برجسته پیراهنی جلو بسته با آستین‌هایی تقریبا تنگ که تا بالای زانو ادامه‌دار است. در این لباس طرح شیارهای رو به پایین از سینه تا روی زانو خودنمایی می‌کند. در قسمت انتهایی رو به سمت زانوی چپ چین‌های دایره شکل وجود دارند و در آستین‌ها شکل‌های مثلث و نیم دایره تا به مچ دست ترکیب زیبایی به آن داده‌اند. در مچ دست، لبه‌های لباس گشاد شده به شکل یک گل باز می‌ماند.

اینگونه پیراهن یا تونیک شباهت بسیار زیادی به یک شکل پیراهن دوره ساسانی دارد که بر تن شاپور دوم نیز می‌باشد.[۳۴] ناگفته نماند که این شکل پیراهن بی‌شباهت به فرم پیراهن میترا نیست.

در بین پیراهن و شلوار عنصر کمربند هم می‌تواند شکل تزئینی و هم مصرفی داشته باشد.

۳/۲.شلوار

شلوارهای دوره ساسانی و اشکانی تقریبا شبیه هم هستند با این تفاوت که در شلوارهای دوره ساسانی، چین‌ها و خطوط بیشتر خودنمایی می‌کنند. البته در شلوارهای دوره پارتی در جلو و بغل دکمه‌ها و مرواریدها بیشتر خودنمایی می‌کنند که این امر در شلوارهای ساسانی کمتر دیده می‌شود.[۳۵] همانطور که دیده می‌شود پیراهن بر

---

[۳۴] مهر آسا غیبی، *تاریخ پوشاک اقوام ایرانی*، *هیرمند*، تهران۱۳۸۷، ص ۲۰۴.

[۳۵] همان، ص ۲۰۸.

روی شلوار افتاده و امکان دیده شدن فرم قسمت بالایی شلوار وجود ندارد و تنها فرمی که دیده می‌شود تکرار نقش‌های مثلث و شیارهای پیراهن در لباس است. نکته قابل توجه در این لباس شباهت انکار نشدنی آن به لباس آرلکینو کمدیا دلارته است.۳۶

در کل در اینکه لباس نقش برجسته کاملا ساسانی یا اشکانیست یا حتی شبیه به فرم‌های هند باستان، به صراحت نمی‌توان گزینه‌ای را تائید یا کنار زد ولی شاید بهتر است بگوئیم نقش برجسته تن‌پوشی نمادین و نمایشی دارد که لباس و حرکتش می‌تواند نشانه و نمایانگر روایتگرانه باشد.

در گذر از تحلیل جز به جز لباس و فرم به این پرسش می‌رسیم که چرا تصویر و نقش برجسته یک گوسان می‌تواند در کاخ و قصر یک شاه باشد؟ برای پاسخ به این سوال باید به ارزش و جایگاه خنیاگری در دوره ساسانی اشاره کنیم.

در مورد موسیقی‌دانان دوره ساسانی باید گفت که در آن دوره از ارج و قرب و مقام شامخی برخوردار بودند به صورتی که آنها نیز جزئی از تشکیلات گسترده طبقه دبیران به شمار می‌رفتند،۳۷ به نحوی که مسعودی می‌نویسد:

"[اردشیر] آنگاه طبقات نغمه‌گران و مطربان و آشنایان صنعت موسیقی را به نظام آورد. دیگر ملوک خاندان ساسان که پس از او

---

۳۶ نگاه شود به تصاویری از ماسکره آرلکینو.
۳۷ امیر اکبری، تاریخ اجتماعی ایران در عصر ساسانی، انتشارات محقق، مشهد ۱۳۸۱، ص۱۸۷.

آمدند به همین رسم بودند. تا بهرام گورکه او...طبقه مطربان را تغییر داد....چون به مطربان که مایه نشاط او بودند دلبستگی داشت."[۳۸]

با توجه به تشریفات و مجالس بزم دربار شاهان ساسانی می‌توان تصور کرد که موسیقی‌دانان همواره به علت علاقه بعضی پادشاهان به عیش و نوش همه روزه در ارتباط با شاه بودند. به همین جهت بعید نیست که در دربار مورد توجه و نفوذ باشند.[۳۹]

بهرام پنجم نیز به اقتضای طبع آرامش‌جوی و ذوق شاعرانه‌اش چنان تسلیم جاذبه لذت‌پرستی‌ها و عشرت‌جویی‌ها شد که تمام دوران سلطنتش را تصویری از قصه‌های پری‌وار هفت گنبد پر نموده است.[۴۰] به نحوی که در دوران تربیتش در نزد منذر حاکم حیره "*بر اسبان اصیل و گزینه سوار می‌شد و بر شتران رهوار می‌نشست و پشت سرش زنان نوازنده سوار می‌شدند و اورا سرگرم می‌کردند.*"[۴۱]

---

[۳۸] علی ابن حسین مسعودی، *مروج اذهب*، مترجم ابوالقاسم پاینده، انتشارات علمی فرهنگی، تهران ۱۳۷۴ ،ص ۲۴۰-۲۴۱.

[۳۹] امیر اکبری، *تاریخ اجتماعی ایران در عصر ساسانی*، انتشارات محقق، مشهد ۱۳۸۱ ، ص ۱۸۸ .

[۴۰] عبدالحسین زرین کوب، *تاریخ مردم ایران قبل از اسلام*، شرکت چاپ و نشر بین‌الملل، تهران ۱۳۹۲ ،ص ۴۵۷.

[۴۱] ابو حنیفه دینوری، *اخبار الطوال*، مترجم صادق نشات، انتشارات بنیاد فرهنگ ایران، تهران، ص ۷۹.

بهرام در دوران حکومت خویش بنا بر روایت اکثر منابع آنزمان چنان غرق در کامجویی و سرگرمی با مطربان بود که به کاری "*جز به ساز و آواز و مجالس بزم نمی‌پرداخت.*"[٤٢]

وضعیت و کار موسیقی‌دانان با توجه به گرایش و علاقه مردم زمان بهرام، چندان مورد توجه قرار گرفت که روایت حمدالله مستوفی به خوبی وضع این گروه موسیقی‌دانان را در جامعه زمان بهرام روشن می‌سازد.

"*زمان او زمان عیش و طرب بود. اهل صنعت تا نیم روز [به عشرت و گشت مشغول بودند و نیم روز دیگر به کار خود]. کار مطربان و اسباب طرب رواجی عظیم گرفت. چنانکه کمتر مطربی روزی به صد درم قانع [نشدی].*"[٤٣]

مقام و شان یک گوسان گاهی می‌توانست آنقدر بالا باشد که بسیار زیاد مورد توجه شاهان قرار گیرد. در این باره مری بویس می‌نویسد:

"*در جامعه پارتی مانند هر جامعه دیگری، گوسان به عنوان شاعر-نوازنده به نسبت استعدادهای فردی‌اش از شهرت و احترام برخوردار می‌شد. برخی از ایشان در روزگار خودشان بسی*

---

[٤٢] ابو منصور عبد الملک بن محمد بن اسماعیل ثعالبی، *تاریخ ثعالبی مشهور به غرر اخبار ملوک الفرس و سیرهم*، مترجم محمد فضائلی، ۱۳۶۸، ص ۳۹۵ .

[٤٣] حمدالله مستوفی، *تاریخ گزیده*، انتشارات امیر کبیر، تهران، ص ۱۱۲.

سرشناس و دارندگان تاج‌های افتخار بودند و چنان بودند که می‌توانستند به تنهایی در برابر شاهان هنرنمایی کنند."[٤٤]

نتیجه‌گیری:

پژوهش در تاریخ نمایش ایران بی شک یکی از مقوله‌هایی است که کمتر به صورت مستند به آن پرداخته شده و همیشه فقدان سند در آن احساس شده است. جنگ‌ها، کشت‌وکشتارها، آتش‌سوزی‌ها، سلیقه‌های مختلف مذهبی و... عواملی بوده که داشته‌های مستندمان را از یا بین برده و یا به نحوی مدفون کرده است. شاید بتوان گفت که قسمتی از این اسناد در بهترین حالت ممکن در حکومت‌های مختلف توسط اشخاص داخلی و خارجی از ایران خارج شده و امروزه در موزه‌ها و آرشیوهای کشورهای دیگر نگه‌داری می‌شوند.

یافت و پرداختن به این اسناد امریست دشوار ولی انجام‌پذیرکه تلاش و ممارست شگرفی را نیازمند است. پژوهش فوق، برآیند یکی از سفرهای تحقیقاتی من به کشور کانادا بوده است که بعد از بررسی‌ها فراوان و گفتگو با نظریه‌پردازان مختلف غربی به این نتیجه رسیدم که این مقاله را که حاوی مستنداتی است که پیش از این در هیچ جا چاپ و عمومی نشده است را به رشته تحریر درآورم تا قدمی هر چند کوچک در مسیر مستند کردن تاریخ نمایش ایران بردارم.

---

[٤٤] مری بویس، «*گوسان پارتی و سنت خنیاگری ایرانی*»، دو گفتار درباره خنیاگری موسیقی ایران، ترجمه بهزاد باشی، آگاه، تهران ۱۳۶۸، صص ۷-۱۰۰.

حال با توجه به تمامی تفاسیری که از شرایط موسیقی و توجه به هنر و خنیاگران و البته گوسان‌ها در جامعه ساسانی شد و با توجه به تحلیل فرم بدن و حالت ایستایی این نقش برجسته و همچنین بررسی جز به جز لباس اجراگر می‌توان گفت این نقش برجسته نمایانگر یک راوی یا خنیاگر و چه بهتر است بگوییم گوسان پارتی بوده که بنا به منزلت و جایگاهش و یا خوش‌آمد بی‌وصف شاهان، نقشش، آذین‌بخش گوشه‌ای از بارگاه شاهان بوده باشد. لازم به ذکر است که پیش از این هیچ نگاره‌ای از گوسان‌ها وجود نداشته است.

ذکر این نکته خالی از لطف نیست که تاثیرات متقابل هنر ایران و هند دوره ساسانی می‌تواند در فرم دهی به قسمت‌هایی از بدن نقش برجسته متاثر بوده باشد.

منابع:

ابن شادی اسدآبادی، *مجمل التواریخ و القصص*، تصحیح ملك الشعراء بهار، کلالة خاور، تهران۱۳۱۸.

ابن ندیم،*الفهرست*، ترجمه محمد تجدد، چاپ اول، انتشارات اساطیر، تهران ۱۳۸۱.

ابو منصور عبد الملک بن محمد بن اسماعیل ثعالبی، *تاریخ ثعالبی مشهور به غرر اخبار ملوک الفرس و سیرهم*، مترجم محمد فضائلی، ۱۳۶۸.

ابو حنیفه دینوری،*اخبار الطوال*، مترجم صادق نشات، انتشارات بنیاد فرهنگ ایران، تهران.

احمد تفضلی، *تاریخ ادبیات ایران پیش از اسلام*، سخن، تهران ۱۳۷۶.

استپان مالخاسیان، فرهنگ لغت ارمنی، انتشارات دولتی سوسیالیستی اتحاد جماهیر شوروی و ارمنستان، ایروان ۱۹٤٤.

امیر اکبری، تاریخ اجتماعی ایران در عصر ساسانی،انتشارات محقق، مشهد ۱۳۸۱.

بهرام فره وشی، فرهنگ فارسی به پهلوی، انتشارات و چاپ دانشگاه تهران، تهران ۱۳۸۰.

جورجینا هرمن، تجدید حیات هنر و تمدن در ایران باستان،مترجم مهرداد، مرکز نشر دانشگاهی، تهران ۱۳۸۸.

حمدالله مستوفی،*تاریخ گزیده*، انتشارات امیر کبیر، تهران.

ژان شوالیه.آلن گربران، فرهنگ نمادها، ترجمه سودابه فضایلی، انتشارات جیهون، جلد سوم، تهران ۱۳۸۲.

عبدالحسین زرین کوب، *تاریخ مردم ایران قبل از اسلام*،شرکت چاپ ونشر بین الملل، تهران.

علی ابن حسین مسعودی، *مروج اذهب*، مترجم ابوالقاسم پاینده، انتشارات علمی فرهنگی، تهران ۱۳۷٤.

علی اصغر حکمت. اقل عباد، *نقش پارسی بر احجار هند*،چاپ تابان، تهران ۱۳۳۷.

عبدالرحمان شرفکندی، *هنبانه بورینه*، انتشارات سوش، تهران ۱۳۶۹.

فخر الدین اسعد گرگانی، *ویس و رامین*،کالج پردیس، کلکته ۱۸٦٥.

کارل گوستاو یونگ، *انسان و سمبلهایش*، ترجمه محمود سلطانیه، جامی، تهران ۱۳۷۸.
.محمد معین، *فرهنگ معین*، انتشارات امیرکبیر، تهران ۱۳۵۰.
مری بویس، «*گوسان پارتی و سنت خنیاگری ایرانی*»، دو گفتار دربارهٔ خنیاگری
مریم قر سو، مقاله تاریخ رقص در هند، وب سایت فرهنگ امروز، ۱ اردیبهشت ۱۳۹٤.
مهر آسا غیبی، *تاریخ پوشاک اقوام ایرانی*، هیرمند، تهران۱۳۸۷.
میرچا الیاده، *رساله در تاریخ ادیان*، ترجمه جلال ستاری، توس، تهران ۱۳۷۲.
ورونیکا ایونس، *اساطیر هند*، ترجمه باجالان فرخی، انتشارات اساطیر، تهران ۱۳۷۳.
همای‌نامه: منظومه ناشناخته حماسی، مقدمه و تصحیح و حواشی از محمد روشن، انجمن آثار و مفاخر فرهنگی، تهران ۱۳۸۳.

دومان ریاضی

بداهه‌پردازی در کمدیا دلارته

چکیده

کمدیا دلارته، نمایشی بود که در اواسط قرن شانزده میلادی در ایتالیا زاده شد و راه زیادی را با سفر به فرانسه، اسپانیا و بالعکس پیمود تا به شکل اصلی و نهاییش برسد. این نمایش مجموعه ای بود بزرگ و گسترده از بازیگران کاربلد و همین طور غیر حرفه ای‌ها، آن هم در زمانی که هنر معنی ظرافت‌های رمانتیک داشت. یکی از عناصر اصلی در این نوع نمایش، بداهه پردازی است که بازیگران در ادوار مختلف تاریخی به نسبت توانایی خود از آن استفاده می‌کردند. ناگفته نماند که مسائل اجتماعی، سیاسی، فرهنگی و اقتصادی روز، در طول تاریخ یکی از الهام بخش ترین منابع برای بازیگران بوده است که در بخش بداهه پردازی نقش پررنگ تری ایفا می‌کند. از این رو هدف این پژوهش بررسی شکل‌های بداهه پردازی با توجه به نظریات سیرو فرونه،[1] استاد بزرگ تئاتر ایتالیا است. این مقاله با روش کتابخانه ای و با استناد به مدارک موجود در کتابخانه‌ها و آرشیوهای موجود در کشور ایتالیا، به تشریح این مقوله و چگونگی تبدیل شدن بداهه پردازی به عنوان غایت نهایی اجرای نمایش کمدیا دلارته پرداخته است.

---

[1] Siro Ferrone.

واژگان کلیدی: ایتالیا. کمدیا دلارته. بداهه‌پردازی. سیرو فررونه.کمدی

مقدمه:

به طور قطع کمدیا دلارته یکی از تاثیر گذارترین نمایش‌های قرن شانزدهم بوده است که تاثیرات بسزایی بر تئاتر غرب و شرق و صد البته ایران گذاشته است. با آغاز آن انجمن‌های نمایشی و کمپانی‌های تئاتری به وجود آمد و یک شکل نسبتا اداری و سازمانی به نمایش داده شد. با پیشرفت آن فصل‌های تئاتری به وجود آمد و بالطبع، قرار دادهای بین بازیگر و شرکت‌های حمایت کننده ی مالی شکل گرفت. به وضوح زمانی که صحبت از کمدیا دلارته می‌شود، اولین تصویری که به ذهن مخاطب می‌رسد، یک ژانر نمایشی صرفا کمدی، با تیپ‌های خاص، پر از جست و خیز و ابراز احساسات اغراق آمیز می‌باشد. مساله ی مهم در این نوع نمایش، مقوله ی بداهه پردازی است. سیرو فرونه معتقد است این تکنیک بسیار قبل تر از شکل گیری دلآرته وجود داشته و از دیرباز راه خود را با فراز و نشیب‌های سیاسی- اجتماعی فراوانی طی کرده تا اواسط قرن شانزدهم میلاد که در دل نمایش‌های کمدیا دلارته، شکل تازه ای خود می‌گیرد. از این رو در این پژوهش سعی شده تا علاوه بر توضیحات تاریخی پیرامون این دو مقوله، به پرسش‌های زیر پاسخ داده شود:

۱. کمدیا دلارته چیست و چه تفاوتی با کمدی دارد؟
۲. بداهه در لغت به چه معناست؟

۳. آیا هر حرکتی یا گفتگویی بدون نوشتار از پیش تعیین شده، بداهه است؟

۴. آیا بداهه با کمدیا دلارته شروع میشود؟

۵. بازی چیست و ارتباطش با بداهه چیست؟

۱. بررسی مفهوم و ابعاد تاریخی کمدیا دلارته

کمدیا دلارته نمایشی بود که در اواسط قرن شانزده در ایتالیا وطن اصلیش زاده شد و سفری از ایتالیا به فرانسه، از فرانسه به اسپانیا و برعکس، را پیمود تا شکل اصلی و نهائیش را پیدا کند. به غیر از شکل نمایش، بسیاری از شخصیت‌های آن در سفر و به واسطه‌ی بازیگرانی که برای امرار معاش دائم در سفر بودند زاده شده اند. بسیاری از این شخصیت‌ها بعدها به شکل ثابت خود می‌رسند و قسمتی از آن‌ها به کل تغییر می‌کنند. در این میان سفرهای سیاسیون و شاهزاده‌ها و همین طور ازدواج‌هایشان که منجر به عقد پیمان‌هایی میان کشورهای مختلف می‌شد، در شکل گیری این نوع نمایش بی تاثیر نبودند.

در طی این سفرها زبان جدیدی به وجود آمد که زاییده‌ی زبان، لهجه، تکه کلام و اصطلاحات جغرافیایی مناطق مختلف بوده است. حال اگر در یک نمایش لهجه خاص منطقه ای دیگر استفاده می‌شد شکل کمیکی را در بر می‌گرفت. با گذر زمان این کلمات طبقه بندی خاص

خود را در بر می‌گرفت و در گوشه‌های نمایشی که لاتسی[2] گفته می‌شد به کاربرده شد.

پیرامون مبحث کمدیا دلارته پژوهشگران زیادی نظریه‌های مختلفی بیان کرده‌اند. به عنوان مثال توسکی،[3] پاندولفی[4] و تساری[5] بر این عقیده اند که کمدیا دلارته برخواسته از آیین و سنن جوامع مختلف آن روزگار است. تاویانی[6] فکر می‌کند که کمدیا دلارته آغازی مهم در جنبش بازیگری هنرمندان زن بود. مولیناری[7] بر این عقیده است که تهیه کننده گان سهم به سزایی در یکپارچگی این نمایش دارند چون به گفته او این نوع نمایش از قبل به صورت فردی وجود داشته است و توسط این کمپانی‌ها و با وجود تهیه کننده گان، نظامی واحد به خود گرفته است. آغاز و پایان کمدیا دلارته تاثیر زیادی بر جامعه، هنر و صد البته نمایش در ایتالیا و کشورهای دیگر گذاشت.

---

2 Lazzi.

3 Paolo Toschi.

4 Vito Pandolfi.

5 Roberto Tessari.

6 Ferdinandi Taviani.

7 Cesare Molinari.

عکس ۱. Hieronymus I Francken، La Dichiarazione di Pantalone،
Olio Sul tavolo XVI Century

نکته‌ی بسیار مهم و فراموش نشدنی رنسانس بزرگی است که با این نوع نمایش به وجود آمد؛ یعنی بازگشت بازیگران زن به صحنه‌ی نمایش. گذشت زمان دیگر آن نگاه کم ارزش و تحقیرانه به زن که بی شک ریشه در باورهای آن زمان کلیسا داشت، کم شده بود وجایش را به ارزش زن و بازیگر زن در صحنه داد. حضور بازیگر زن یک ارزش و اعتبار به گروه‌های نمایشی می‌داد. از این رو هر گروهی که بازیگر زن بیشتری داشت دارای جایگاه والاتری از نظر مالی و هنری می‌بود. با گذشت زمان بازیگران زن ماهر و استادی پا به صحنه گذاشتند که بعدها از آنان به عنوان نوابغ این شکل نمایشی نام برده شد. مثال بارز

این بازیگران آدریانا ساکو [۸]است. او که از یک خانواده بسیار هنرمند و اصیل بود بر عکس دیگر بازیگران هم عصر خود در تیپ‌های (سروه) اجرای نقش نکرد، اکثر نقش‌هایی که او اجرا می‌کرد بسیار تئاثیر گذار بودند. می‌توان گفت یکی از اولین بازیگران زنی که مرد پوش شد این زن بود، از نقش‌های دیگری که این زن هم زمان در یک نمایش و به واسطه یک انگشتر جادویی اجرا می‌کرد زن آلمانی، زن فرانسوی، خدمتکار و معشوقه بود.[۹] دریکی از اجراهایی که در نقش مرد پوش بود او با عاشق خود دوئل می‌کند ودر لحظه ای که عاشقش میخواهد او را بکشد می‌فهمد که زن است. این بازیگر از توانایی بدنی بالایی برخوردار بود و با شمشیر بازی و اسب سواری به خوبی آشنا بود به همین خاطر می‌توانست نقش‌های مختلف را به خوبی اجرا کند. در راستای تحقیقات تاریخی پیرامون کمدیا دلارته باید به نکته ی مهم دیگری اشاره کرد و آن موروثی بودن این حرفه در بین کار بلدهای این هنر است. به عنوان مثال از خانواده‌های مهم مارتینللی،[۱۰] فیوریللو،[۱۱] آندره اینی،[۱۲] بیانکوللی،[۱۳] ساکو،[۱۴] در سالهای ۱۶۰۰ تا ۱۷۰۰ می‌توان نام برد که کاملا موروثی این هنر را دنبال می‌کردند. به همین خاطر در بسیاری از کتاب‌های مربوط به تیاتر و نمایش از کمدیا

---

[8] Adriana sacco (1707-76).

[9] Ferrone Siro, *la commedia dell' arte,* Einaudi Torino 2014, P 59.

[10] Tristano Martinelli (1557 –1630).

[11] Silvio Fiorillo (1570 –1632).

[12] Francesco Andreini (1548 – 1624).

[13] Domenico Giuseppe Biancolelli, (1636 –1688).

[14] Antonio Sacco (1708–1788)

دلارته به نام کمدی موروثی نیز یاد می‌شد چرا که شعرها، آهنگ‌ها، حرکات، دیالوگ‌ها و صد البته لاتسی‌ها از نسلی به نسل دیگر منتقل می‌شدند.

عکس ۲. ناشناس.Arlecchino galante، olio su tavolo، XVI Century

۱/۱. تفاوت کمدیا دلارته با کمدی

اشتباه بزرگی که معمولا تحت تاثیر نام کمدیا دلارته اتفاق می‌افتد، اشتباه گرفتن این نوع نمایش با یک کمدی صرف است.این در حالی

است که مفهوم اصلی کمدیا دلارته فراتر از این نوع تفسیر یک بعدی است. بر اساس مدارک و مستنداتی که وجود دارد کمدیا دلارته نمایشی مرکب از کمدی و تراژدی بوده است.[۱۵] برای جلوگیری از این اشتباه باید ابتدا به واژه شناسی این نوع نمایش بپردازیم. کلمه ی کمدیا دلارته و کلمه ی کمدی در زبان ایتالیایی در یک بخش مشترک اند و آن واژه‌ی *Commedia* است. اما نکته ی مهم این است که این کلمه در *Commedia dell'arte* به معنی نمایش است و نباید آن را با کلمه کمدی به عنوان ژانر اشتباه گرفت.

شاید این اشتباه ناشی از باورهای نادرست آن زمان جامعه فرانسوی مخصوصا دربار لویی چهاردهم (تاریخ) است. همان طور که اشاره شد، این نوع نمایش سفری به فرانسه و اسپانیا داشته است. زمانی که فرانسه درگیر جنگ با اسپانیا و هلند و همین طور شورش‌های داخلی علیه نظام پادشاهی بود، نیاز به خونی تازه در رگ‌های مردم و همین طور درباریان احساس می‌شد. (منبع) می‌توان گفت کمدی یک نوع دستور و اجبار در آن زمان بوده، و این چنین بود که کمدی در آن زمان به تراژدی در کمدیا دلارته چیره شد و از آن زمان به بعد مرز بین کمدی و کمدیا دلارته تا حدودی از بین رفت. باما به سه دلیل به قطع یقین می‌توانیم ثابت کنیم که این نمایش تلفیقی از کمدی و تراژدی است:

۱/۱/۱. این نمایش در اصل ریشه ی ایتالیایی دارد و زادگاهش ایتالیاست، بالطبع بیشتر مدارک و

---

[15] Ferrone Siro, *la commedia dell' arte*, P16

مستنداتی که به زبان ایتالیایی - در مورد این بحث وجود دارد - ثابت کننده این موضوع است.

۱/۱/۲. آکادمی‌های ایتالیایی در همان زمان اجازه اجراهای تراژدی کمدی موزیکال را به بازیگران حرفه ای و غیر حرفه ای می‌دادند ولی همانطور که در بالا گفته شد در فرانسه امکان پذیر نبود.

۱/۱/۳. از اسپانیا گروه‌های بسیاری برای اجرا به ایتالیا و سایر نقاط می‌رفتند مخصوصا در ناپل میلان و فلورانس، و بالطبع مدارک مستند بسیاری هست که اشاره می‌کند همان متن‌های اجرا شده به زبان ایتالیایی ترجمه می‌شد و شاهد آن بودیم که کمدی وتراژدی با هم بودند.[۱۶]

۱/۲. بررسی قراردهای هنری کمدیا دلارته

یکی از اصول مهم در کمدیا دلارته کمپانی یا شرکت یا همان گروه است که سازماندهی کل کارهای تولید و اجرای تئاتریا بهتر است بگوییم مدیریت تولید بر عهده آن‌هاست. در ایتالیا به صورت کاملا حرفه ای کمپانی‌های تئاتری در سال ۱۵۵۰ متولد می‌شود. البته قبل از این این گروه‌ها به صورت انجمن‌های دلقکان خواننده‌ها وجود داشتند اما همان طور که گفته شد همه این تشکل‌ها به صورت کمپانی منسجم تئاتری از ۱۵۵۰ به بعد شروع به کار کردند. این کمپانی‌ها وقتی رشد

[16] Ferrone Siro, *Attori mercanti corsari* Einaudi, Torino 2011, First chapter

می‌کنند که به صورت حرفه ای وارد اسناد رسمی می شوند، زمانی که پای قرار داد حرفه ای به میان می‌آید.

عکس ۳. ناشناس. Serenata Comica، Mgnifico and Zanni، olio su tavolo، XVI Century

اولین سند در مورد کمدی انجمن به ۱۵۴۵ به شهر پادوا بر می‌گردد،[۱۷] که طی این سند طرفین قرارداد از یکشنبه بعد از عید پاک که مصادف با ماه آوریل است، شروع به همکاری می‌کنند. در این قراداد به نوع همکاری، نقش و زمان‌های تمرین اشاره شده است. بر خلاف ۱۵۵۰ که مدارک و مستندات قرار دادی زیاد نیستند، از ۱۵۷۰ به بعد در ایتالیا و اسپانیا (هنرمندان ایتالیایی که در اسپانیا مشغول به کار هستند) قراردادهای کاری زیاد موجود است. به عنوان مثال از ۱۵۸۰ قرار دادی در دست داریم که در آن کمپانی آلبرتو نازللی فقط با یک بازیگر زن کارهای خود را اجرا می‌کرد و اگر در نمایش سه نقش زن وجود داشت، دو نقش دیگر را مردان زن‌پوش اجرا می‌کردند. لازم به ذکر است که هنرمندان اسپانیایی و مخصوصا در بخش موسیقی به خوبی می‌توانستند به کار با گروه‌های ایتالیایی بپردازند.

نکته ی بسیار جالب پایبندی به اصول کاری بین متشخصان این نمایش بود، به عنوان مثال وقتی در سال ۱۵۸۳ خانواده معروف گونزاگا[۱۸] در شهر مانتوا[۱۹] در شمال میلان، وقتی از تریستانو مارتینللی[۲۰] دعوت می‌کنند که با نمایش آرلکینو تریستانوبا آنها قرار

---

17 Pierre Louis Duchartre, *the Italian Comedy*, Dover Publication, New York 1996. P 70-72.

18 Gonzaga.

19 Mantova.

20 Tristano Martinelli.

داد ببندد، او در جواب می‌گوید: " که با کمپانی تئاتری (میشل) در ونیز قرارداد دارد و به آن پایبند است." ۲۱

۲. مفهوم بداهه پردازی

قبل از ورود به بحث بداهه بهتر است با تفاوت دو واژه ی مهم اشنا شویم: بداهه پردازی و جوک یا همان بازی، دو واژهای که با درک دقیق آن‌ها، بهتر می‌توان به هدف اصلی نگارنده ی مقاله پی برد.

جوک یک واژهٔ لاتین به معنی بازی یا هر فعالیتی انجام شده برای سر گرمی و خوش گذارنی است. زینگارللی می‌گوید این واژه به تنهائی یک کلمهٔ عملی است که نیاز به فعالیت بدنی دارد. ۲۲ اما بعضی وقت‌ها این کلمه با یک پسوند می‌آید، مثل بازی کلامی یا بازی اعداد. به هر حال بازی یک رفتار بدنی است، در فرهنگ و زبان فارسی نیز از بازی به عناوین مختلف استفاده می‌شود ولی اکثر اوقات اشاره به یک فعالیت بدنی دارد.

واژهٔ بعدی واژهٔ بداهه است. در لغت به معنی انجام کاری بدون برنامهٔ از پیش تعیین شده است.زینگارللی درست بعد از معنی این کلمه مثالی در مورد موسیقی می‌زند. پیداست که یک بداهه‌پرداز در هر

---

21 Ferrone Siro, *Arlecchino Vita e avventure di Tristano Martinelli attore*, Laterza, Roma 2006.
22 A cure di Mario cannella e di Beata Lazzarini,Nicolo Zingarelli. *lo Zingarelli* 2016, p 994.

رشته‌ای باید استادکار و بسیار ماهر باشد تا بتواند در هر موقعیت تکنیک بداهه‌پردازی را باتوجه به اندوخته‌های خود ارائه کند.[۲۳] در اصل می‌توان گفت که یکی دیگر از اهداف کمدیا دلارته مقابله و خیزش در مقابل بازیگران ناکار بلد درباری بود که هر تملق و نغمه‌سرایی در مقابل اربابان و شاهزادگان خود را به حساب هنر بازیگری و تکنیک بداهه می‌گذاشتند. هم‌چنین در لغت‌نامه‌ی دهخدا، بداهه به معنای "نا اندیشیده، ناگاه" می‌باشد و بداهه پرداز کسی است که "بدون مقدمه اثر هنری اعم از شعر، موسیقی، نقاشی و همانند آن خلق می‌کند" (فرهنگ دهخدا، ص ۲۳۴۹). حال اگر این تعریف را وارد تئاتر کنیم، به گفتگو یا عملی بر مبنای گفتار به صورت از پیش تعیین نشده، می‌رسیم. با این تعریف تا اندازه ای می‌شود موافقت کرد ولی بدون بسط و گسترش و توضیح این مسئله با اشتباهات و خطاهای بسیاری با نام بداهه مواجه می‌شویم که با بررسی آن در کمدیا دلارته می‌توان تا حد زیادی این اشتباهات را از بین برد.

[23] A cure di Mario cannella e di Beata Lazzarini, Nicolo Zingarelli, p 1098.

بداهه‌پردازی در کمدیا دلارته

عکس ۴. Claude Gillot، Arlequin soldat gourmand، Olio su tavolo, 1716-17

دوباره بر می‌گردیم به کمدی انجمن، پیش از این تاریخ[۲۴] بازیگران اکثر به صورت انفرادی و یا در گروه‌های کوچک ۲ یا ۳ نفره در میدان یا هر گوشه‌ای که می‌یافتند به نقش آفرینی می‌پرداختند. اکثر گروه‌ها با

---

[۲۴] منظور پیش از شروع کمدیا دلارته به عنوان یک شکل نمایش گروهی (قبل از اواسط قرن ۱۶).

آمادگی قبلی ولی مطابق با سلیقه تماشاچی نمایش را پیش می‌بردند. اگر تماشاچی از صحنه ای در یک قسمت از نمایش استقبال می‌کرد، بازیگران همان را تکرار می‌کردند و ادامه می‌دادند. این نوع بازیگری اصطلاحا بازیگری شفاهی بود چرا که نمایش نامه ی قطعی وجود نداشت. این روند تا زمان گلدونی[۲۵] تقریبا ادامه یافت.

در اجراها بیشتر از شعر و آهنگ استفاده می‌شد چرا که بهتر در خاطر می‌ماند تا جایی که این نمایش شکل گروه یا کمپانی گرفت. بازیگران حرفه ای در کنار نیمه حرفه‌ای و آماتورها به کار مشغول بودند. هر نمایش تمرین خاص خود را داشت و یکی از این تمرین‌ها که بعدها قسمت عمده ی این نمایش را به خود گرفت، تمرین بداهه بود. این عنصر در زندگی هنری بازیگران دلآرته از بدو و قبل از ورودشان وجود داشت. سیرو فررونه معتقد است بسیاری از بداهه‌ها از بازی‌های کوچک خیابانی نشات گرفته و اکثرا در ناخود آگاه بازیگر ذخیره شده اند. از این رو بازیگران بنا به نیاز از آن‌ها به صورت نمایشی استفاده می‌کنند. البته بداهه پردازی در قرون ۱۶ تا ۱۸ دارای تمرینات خاص بود که با آنها زاده و با تمام شدن زندگی هنریشان به پایان می‌رسید.

در ابتدا بداهه پردازی شاید شکل و سبک و سیاق پخته خود را نداشت و به شکل سنتی راه خود را می‌پیمود ولی با ظهور بازیگرانی مثل فرانچسکوآندره اینی،[۲۶] پیر ماریا چکینی،[۲۷] فیوریلو،[۲۸] بداهه نیز

[25] Carlo Goldoni.

[26] Francesco Andreini (1548 – 1624).

[27] Pier Maria Cecchini (1563 – 1645).

[28] Silvio Fiorillo (1570 –1632).

خط خاص خود را گرفت و تمریناتش زیر نظر کاربلدان این کاربه راه خود ادامه داد.

دیگر اینطور نبود که برای خوش آمد خاص و عام هر چه بخواهند بگویند. در تمرینات کمدیا دلارته معمولا سر گروه یا همان کاپو کمیکو[29] از افرادی استفاده می‌کرد که قابلیت تبدیل کلمه به تصویر و تصویر به بازی را در موقعیت‌های خاص را داشته باشند. می‌توان گفت که در کمدی انجمن بازیگری ترکیبی از هنر و تقلید از طبیعت بود.

کلمات و تصاویر آنگونه که در واقعیت هستند ادا نمی‌شد بلکه با توجه به موقعیت، شکل فرم آن فضا را می‌گرفت.در اصل یکی ازنامهای کمدیا دلارته کمدیا آبراچیا یاهمان کمدی آستین بود.

بازیگر باید دانش کافی در مورد شعر، ادبیات و تاریخ می‌داشت چنان که بعدها یعنی در حدود ۱۶۶۰ می‌بینیم که به بازیگران در آکادمی‌های دلارته تاریخ اروپا تدریس می‌شود.

بنابرآنچه گفته شد سنت مشاهده و تقلید، سنتی بود که از دیرباز به عنوان یک تکنیک آموزشی نزد بازیگران وجود داشت.به این شکل هر بازیگر جدید و تازه‌کار با مشاهده‌ی ژست‌ها و دیالوگ و مونولوگ‌های بازیگران قدیمی‌تر و با داشته‌هایی که خود داشت آن شخصیت را اجرا می‌کرد. یعنی به سادگی می‌توان گفت نزد اکثر بازیگران تحلیل نقش شکل می‌گرفته است.

---

[29] Capo comico.

شکل بداهه‌پردازی در بازیگری کمدیا دلارته به دو صورت بوده که در توالی مختلف زمانی حیات کمدیا دلارته به صورت همزمان از هر دو استفاده میشده است.

۱.بداهه شفاهی:

این شکل از بداهه‌پردازی که بیشتر مرسوم بوده است و با توجه به داشته‌های بازیگر شکل می‌گرفت. همانطور که گفتیم تیپ‌ها در این نوع نمایش مشخص است و اگر کسی تیپ عاشق را بازی می‌کند چهار چوب نقش خود را می‌شناسد و اطلاعات کافی نسبت به آن دارد. حال با توجه به اطلاعات و شکل و تکنیک‌های بازیگران قدیمی‌تر و صد البته تکه‌های مخصوص هر شهر و هر لهجه و زبان و جغرافیای خاص که بازیگر به پارت خود اضافه می‌کرد. و در آخر توسط کاپو کمیکو تمامی این پارت‌ها روتوش خورده و کنار هم قرار می‌گرفت و تشکیل نمایش را می‌داد.[۳۰]

نکته مهم در بداهه‌پردازی کمدیا دلارته سه عنصر قافیه، موسیقی، ژست، بود که کنار هم تشکیل متد بازیگری بداهه در کمدیا دلارته را میداد. قافیه عنصری است که از نقطه نظر روانشناسی بهتر در خاطر ادا کننده و شنونده می‌ماند و دیالوگ را شکیل تر میکند.موسیقی به دو صورت اتفاق می‌افتد، موسیقی که همراه بازیگر درحین اجرا توسط نوازنده‌ها اتفاق می‌افتد، دوم موسیقی که بازیگر به کلام میداد. اینچنین

[30]Ferrone Siro, *la commedia dell' arte*,2014:84

بود که بعضی تکه‌ها،کلمات،جملات،بهتر در ذهن مخاطب می‌ماند.واما ژستها، قبل ازاشاره به ژستهای نمایشی بهتر است این واقعیت را در مورد کشور ایتالیا و مردمانش بدانیم که،ایتالیایی‌ها مردمانی هستند که به استفاده از زبان بدن در دنیا شهرت دارند ودر زندگیشان بسیار از این ژستها استفاده میکنند.حال اگر این ژستها را در نمایشی که اغراق درآن نکته مهمی است،گنجانده شود، خواهیم دید که بسیار چشمگیر خواهد بود.این ژستها حتی در کلیسا و در درون دینشان هم دیده میشود.حال اگر بازیگر با طنازی‌های خود این ژستها را به صورت آکروباتیک انجام می‌داد،صد البته جنبه بسیار کمیکی به نمایش می‌داد.

۲.بداهه مکتوب:

این نوع بداهه بسیار کمتر از شکل اول خود بوده است چرا که غالب بازیگران کمدیا دلارته در آن زمان بی سواد بودند و نمی‌توانستند بخوانند، ولی برای حفظ و استفاده به موقع از آنها کسانی به عنوان دستیار بودند که همه اطلاعات مهمی که در نمایش می‌افتاد را تیترگونه به روی بوم نقاشی مینوشتند ودر صحنه‌هایی که لازم بود، یاداوری میکرد.در هر دو شکل بداهه به شکلی هدایت شده، ایجاد شده بود و داشتن حافظه بسیار، تمرین و تکرار، و مشاهده، لازمه این امر به شمار میرفت. کما اینکه بسیاری از بازیگران تجربیات خود را نسل به نسل به فرزندانشان ارائه میدادند.

سیرو فرونه در کتاب لا کمدیا دلارته به دو مثال در مورد بداهه پردازی اشاره می‌کند:[31]

۱- سندی از سال ۱۴۹۶ از دوک هرکول فرارا[32] به دامادشان فرانچسکو گنزاگا،[33] وجود دارد که در آن بیانگر شکل تمرین بازیگران گروه خود است.از این سند به راحتی می‌توان فهمید ۱. بازیگران نمی‌توانستند تمام متن را داشته باشند و فقط بخشهای مربوط به خود را می‌گرفتند ۲.دراماتورژی در کمدیا دلارته بستگی به پارتهای تکی دارد.یعنی بازیگران به تنهایی پارتهای خود را تمرین می‌کنند و وقتی همه آنها کنار هم قرار داده می‌شود، تبدیل به نمایش می‌شد. به گفته فرونه می‌توان از این امر اینگونه برداشت کرد که با وجود بداهه بازی کردن بازیگران امکان تغییر به راحتی در متن و صحنه‌هایشان وجود نداشت.

۲- سند دوم اما روایت از آثار به جا مانده از جوان باتیستا آندره اینی[34] دارد که می‌توان فهمید تمام صحنه‌ها، دیالوگها، ورود و خروج، حتی شکل ایفای دیالوگ نوشته شده است و Capo Comico و بازیگرانی که از این متن استفاده می‌کنند لاجرم مقید به اجرا فرامین و دستورات نویسنده هستند.

---

[31] Ferrone Siro, *la commedia dell'arte*,pp 84-102

[32] Ercole I d'Este (1431 –1505).

[33] Francesco II Gonzaga (1466 –1519)

[34] Giovan Batista Andreini.

ذکر این نکته خالی از لطف نیست جغرافیا، زبان، لهجه و شهرها در شکل گیری تمرینات بداهه بی تأثیر نبوده است اکثر هنرمندان شغل دوم داشتند و این شغل دوم باعث می‌شد بیشتر در اجتماع و با مردم باشند بنا به گفته‌های بالا و مشاهد‌عنصر اصلی را در این امر (بداهه) در اختیار داشت.

این قضیه (مشاهده) در بین بزرگان این هنر نیز بود به نحوی که در اسناد موجود آمده که مارتینللی، فیوریللو و آنتونیو ساکو به تماشای کمدین‌ها غیر حرفه ای می‌نشستند و تکه‌هایی از اجرای آنها را می‌نوشتند ؛تا شاید در کارهایشان استفاده کنند.

در کل می‌توان گفت این نمایش یک نمایش شفاهی بوده و کاملا بستگی به مشاهدات و تقلید از هنر و طبیعت بوده است.

نتیجه‌گیری:

با توجه به مدارک و اسناد موجود، بداهه قبل از کمدیا دلارته به شکل سنتی خود موجود ودراین کاریک عنصرکاملا مهم بوده اما بداهه ای که تمرین و تکرار حرف اول را در آن می‌زند. یعنی همه چیز در راستای اهداف و موضوعات از پیش تعیین شده و با نگاهی به موقعیت موجود اتفاق می‌افتد.در یک شهر مذهبی یا در کنار یک کلیسا به هیچ عنوان بداهه اروتیک یا ضد مذهب استفاده نمیشد. با توجه به تعریفی که در بالا به عمل آمد می‌توان گفت جوک یا همان بازی در ابتدا یک فعالیت بدنی است یعنی اگر آن را به نمایش و دقیقا به کمدیا دلا آرته

بیاوریم، بازیگران به حتم نیاز به یک بدن بسیار آماده و منعطف خواهند داشت. با تعبیری هم که در مورد بداهه انجام شد اگر این تکنیک یعنی بداهه را وارد این نمایش کنیم، به سادگی می‌توان فهمید که در ابتدا بداهه‌پردازی در این نمایش با بدن شروع می‌شود و به کلام انتقال می‌یابد. در کلام نیز بازیگر با توجه به حفظ و دانش خود اشعار شاعران بزرگ و مطرح، جملات معروف از کتب و نویسندگان بزرگ و صد البته تکه کنایه‌های عامیانه، را با توجه به نیاز صحنه، ادا می‌کردند، مستلزم این تکنیک داشتن دانش و صد البته تبحر خاص در بدن بازیگر بود که بازیگران بد و خوب را تمیز می‌کرد.

به هر حال این شکل اجرا و بازیگری راه خود را به همین شکل و در همین راستا می‌پیماید تا اواسط ۱۷۰۰ و زمان گلدونی و هم نسلانش که تلاش برای شکل جدید بازیگری و اجرا شروع می‌شود.

بداهه‌پردازی در کمدیا دلارته

فهرست منابع

Ferrone Siro *la commedia dell' arte* Einaudi Torino 2014
−Ferrone Siro *Attori mercanti corsari* Einaudi Torino2011
-A cure di Mario cannella e di Beata Lazzarini ,Nicolo Zingarelli. *lo Zingarelli. 2016.*
Ferrone Siro, Arlecchino Vita e avventure di Tristano Martinelli attore, Laterza, Roma 2006.
Pierre Louis Duchartre, *The Italian Comedy*, Dover Publication, New York 1996.

دومان ریاضی

نقش کارلو گولدونی[1] در روند رو به رشد کمدیا دلارته

کمدیا دلارته نمایشی است که حدوداً از اوایل قرن شانزده در زادگاهش ایتالیا متولد شد. این هنر بدیع و عالم‌گیر نمایشی، در اولین سفر نعلی‌شکل خود، ابتدا در فرانسه و سپس در اسپانیا انتشار یافت و پس از بازگشت به ایتالیا، به‌عنوان یک گونه‌ی نمایشیِ پایا تثبیت شد و به بسیاری از نقاط دنیا ازجمله ایران نیز رسید و تأثیرات شگرف خود را در جهان نمایش گذاشت

این قالب کم‌نظیرِ هنرِ تماشا راه پرپیچ‌وخم خود را با تمام فرازونشیب‌های سیاسی، مذهبی و اجتماعی پیمود و با خود ستاره‌های ماندگاری را پروراند که هرکدام به‌نوبه‌ی خود تأثیری انکارنشدنی در روند روبه‌رشد این شکل نمایشی داشتند. یکی از کسانی که تاثیرات فراوانی در این نمایش از خود به جای می‌گذارد کارلو گولدونی است که در نسل آخر کمدیا دلارته می‌آید و تلاش می‌کند که تغییراتی در آن ایجاد کند.

[1] Carlo Goldoni

کلید واژگان:

کارلو گولدونی- کمدیا دلارته –کارلو گوتزی –ایتالیا

مقدمه:

با آغاز رنسانس در اروپا که شروع آن از شهر فلورانس بود، نیاز به خون تازه در رگهای مردم غمگینی که هزار سال سیاهی کلیسا را به دوش می‌کشیدند، احساس میشد. در همین میان بود که شکل اصیلی از هنرتماشا کم کم راه خود را به میان مردم باز کرد. نمایشی که حدودا از اوایل قرن شانزده در ایتالیا آغاز و بعدها راه خود را به فرانسه و اسپانیا هم ادامه داد. این نمایش از بدو تولد تا غروبش فراز و نشیب‌ها و تغییرات زیادی را به خود دید و تأثیرات زیادی را از جغرافیای و افراد مختلف گرفت.

یکی از این افراد کارلوگولدونی بود که تلاش بر تغییراتی در این نمایش داشت. بر هیچکس پوشیده نیست که تأثیراتی که کارلو گولدونی به این نمایش گذاشت، یکی از دلایل ماندگاری این فرم نمایشی تا به امروز شده است.

از آنجا که تا به امروز در کشورمان کمتر به این نوع نمایش و گولدونی پرداخته شده است تلاش کردم تا افکار و کارهای او را کمی بیشتر معرفی کرده باشم.در این مقاله تلاش می‌شود که گوشه ای از آثار و و زندگی و تأثیرات او بر تئاتر ایتالیا را مورد بررسی قرار دهم.

لاکن نگاهی گذرا به پیدایش کمدیا دلارته، سفر آن در اروپا. فصل آخر کمدیا دلارته یعنی گولدونی و هم نسلانش و تأثیرات گلدونی بر روی کمدیا دلارته خواهیم داشت.

در اواسط قرن شانزدهم،اروپا و مخصوصا ایتالیا شکل جدیدی از یک نمایش ریشه دار را به خود تجربه کرد این نمایش که از دل مردم کوچه بازار زاده شد راه خود را بسیار سریع در بین تمام اقشار جامعه و کاخ نشینان پیدا کرد. با به صحنه آمدن این شکل نمایشی اتفاقات بسیار مهمی در نمایش ایتالیا رقم خورد که از جمله آنها می‌توان به قدم نهادن دوباره زنان به صورت حرفه ای به صحنه کمدی ایتالیایی، آن هم در زمانی که کلیسا و نگرش جامعه به بازیگران زن مثبت نیست، اشاره کرد. کم کم و با این حرکت، جامعه ایتالیایی نوعی اتحاد وعزت نفس اجتماعی و بسیار انسانی در حقوق مشترک زن و مرد را به خود دید. اتحادی که باعث شد کمتر شاهد اجراهای تکی از سوی بازیگران این شکل نمایشی باشیم که تا به آن زمان اکثرا در گوشه و کنار ومیدانها و کوچه پس کوچه‌ها به هنر نمایی مشغول بودند.[۲]

در ایتالیا،کمپانی‌های تئاتری در سال ۱۵۵۰ متولد شدند؛ البته قبل از آن، این گروه‌ها به‌صورت انجمن‌های دلقکان و خواننده‌ها وجود داشتند، اما تبدیل گروهک‌های کوچک و بازیگران تک به کمپانی‌ها نمایشی امریست که از سال ۱۵۵۰ به بعد شکل حرفه‌ای به خود میگیرد.

---

[۲] سیرو فررونه، *کمدیا دلارته*، اینادی، تورینو ۲۰۱۴، ص ۵۲-۵۴.

عنصر بسیار مهم و حیاتی در حرفه‌ای شدن کمپانی‌ها نمایشی ورود و ثبت قراردادهای آنها به دفاتر اسناد رسمی است؛ یعنی زمانی که پای قرارداد حرفه‌ای میان بازیگر و مدیر کمپانی به میان می‌آید.

اولین قراردادی که سندیت تاریخی دارد، به سال ۱۵۴۵ بازمی‌گردد- در شهر پادوا در نزدیکی ونیز- که توضیح می‌دهد طرفین قرارداد از دومین یکشنبه‌ی بعد از پاسکوا (عید عروج مسیح)، که معمولاً مصادف است با ماه آوریل، شروع به کار می‌کنند تا ماه مارس سال بعد؛ در قرارداد متذکر می‌شوند که طرفین موظف به ارائه‌ی تعهداتی به هم هستند. از نکات مهم و جالب‌توجه این قراردادها، که اکثراً در همه‌ی آنان یکسان است، کمک دستیاران و حتی رئیس کمپانی‌ها به بازیگران است. وقتی بازیگر دچار مشکلی می‌شود، دستیاران و، یا در صورت لزوم، رئیس کمپانی به‌جای بازیگر به صحنه می‌رود. از این نکته به‌راحتی می‌توان برداشت کرد که اکثر رؤسای کمپانی‌ها به‌خوبی با هنر اجرا (رقص، خوانندگی، آکروبات و بازیگری) آشنا بودند. همچنین مراکزی برای نظارت به عملکرد بازیگران وجود داشت که اگر بازیگری نسبت به قرارداد تخلفی انجام می‌داد، آن کمیته او را جریمه می‌کرد یا از حق‌وحقوقش می‌کاست. جالب است که این جریمه‌ها صرف امور خیریه و کمک به فقرا و تنگ‌دستان می‌شد. همچنین در چهار ماه تعطیلی معمولاً بعضی از کمپانی‌ها، با قسمتی از پول جریمه، اقدام به خریداری اسب می‌کردند تا بازیگران بتوانند به تمرین بپردازند.

تئاتر حرفه‌ای با سفر هنرمندانش به مناطق مختلف و با تلفیق گروه‌های مختلف نمایشی از مناطق مختلف گسترش می‌یابد.

به‌این‌ترتیب، رفته‌رفته زبان نمایش یک زبان جهان‌شمول می‌شود- فارغ از هر رنگ و زبان با گسترش نمایش‌ها، دیگر این هنر مختص به کارناوال‌ها و روزهای خاص نمی‌شود، بلکه در اکثر مواقع در شهرهای مختلف به اجرا درمی‌آید.

هنرمندان در سفرهایشان، موضوعات و همین‌طور، صحنه‌پردازی‌ها را نسبت به زبان و مکان و تماشاچی عوض می‌کنند. آن‌ها در سفر با هنرمندان بومی همان مکان، ترکیب کاری بسیار زیبایی را به وجود می‌آورند، با این ترکیب، زبان نمایش به سمت یک زبان واحد پیش می‌رود. به هر کمدیا دلارته سفر ماجراجویانه خود را از ایتالیا شروع میکند و به فرانسه و بعدها به اسپانیا میرود و دوباره به وطن خود باز گشته تا در نهایت شکل اصلی خود را میگیرد.[۳]

سالها بعد مردی پا به عرصه هنر و نمایش ایتالیا آمد که شاید یکی از عوامل ماندگاری این نمایش در آن دوران بود.

کارلو گولدونی

در ۲۵ فوریه ۱۷۰۷ در شهر ونیز و دریک خانواده بورژوا که در اصل اهل شهر مودنا بودند به دنیا آمد بعدها پدرش آنها را تنها گذاشت و برای تکمیل تحصیلات خوددر رشته داروسازی به شهر روم رفت. گولدونی نوجوان شروع به آموختن علم توسط معلم‌های مختلف در شهرهای مختلف ایتالیا کرد. در ۱۷۲۱ به همراه مادرش به شهر ونیز

---

[۳] سیرو فررونه، *کمدیا دلارته*،ایناودی، تورینو ۲۰۱۴، ص۵۳.

بازگشت ودر موئسسه حقوقی دایی خود مشغول به کار و فراگیری علم وکالت مشغول شد.[٤]

در ۱۷۲۳ وارد دانشگاه پادوا[٥] شد ولی قبل از پایان سال سوم تحصیلی به خاطر نوشتن یک ساتیر که در آن دختران بورژوا را به مسخره گرفته بود از دانشگاه اخراج شد. بعد از آن به تبعیت از پدرش که پزشک یکی از خانواده‌های معروف ایتالیایی بود (کنت فرانچسکو لانتیری)[٦] به خدمت پرداخت. در این زمان زندگی او دچار یک وضعیت نسبتاً پرماجرا شد و پس از آنکه هنوز پدرش را در شهرهای فریولی و تیرول دنبال کرد، تحصیلات خود را در دانشگاه مودنا از سر گرفت اما به دلیل بحران افسردگی باز هم ناکام ماند.[٧]

در سال ۱۷۲۹ برای کار و یادگیری بیشتر در بخش امور جنایی به شهر فلتره [٨]در نزدیکی ونیز رفت. در این دوره به شکل آماتور، برای کارناوال سال ۱۷۳۰دو نمایشنامه کمدی با نام‌های پدر خوب[٩] و خواننده زن[١٠]را نوشت که در سالن تئاتر دلا سنا[١١]در شهر فلتره به اجرا در آمد.

---

[٤] سیرو فررونه، کارلو گلدونی، *سانسونی*، ۱۹۹۰ فلورانس، *صص* ۴-۵.

[5] Padova

[6] Cont Francesco Lantieri

[٧] سیرو فررونه، کارلو گولدونی، ص ۳۸.

[8] Feltre

[9] Il buon padre

[10] La cantatrice

[11] Teatro de la Sena

با مرگ ناگهانی پدرش در سال ۱۷۳۱، وی مجبور شد مسئولیت خانواده اش را به عهده بگیرد به ونیز بازگشت، تحصیلات خود را در پادوا به اتمام رساند و شروع به کار در پزشکی قانونی کرد.

در سال ۱۷۳۴ در شهر ورونا با ملاقاتی که با جوزپه ایمر[۱۲] سرپرست بازیگران تئاتر سان ساموئل ونیز و ازاجراگران که نقش عاشق داشت شروع به نوشتن اولین کمدی تراژدیش با عنوان دن جوانی[۱۳] کرد.

شغل اول او وکالت بود ولی وسوسه‌های نوشتن و اجرا او را در سمتی قرار داد که هم خط زندگی او و شاید خط سیر کمدیا دلارته دستخوش تغییراتی شد. اشتیاق به تئاتر در شخصیت بی‌قرار او موج میزد. در زمان جنگ با اتریش به استان توسکانی مهاجرت کرد و به حرفه اصلی خود یعنی وکالت پرداخت.

گلدونی در ونیز متولد شده بود ولی در طی سفرهایش از ونیز تا فلورانس و بعدها پاریس شاید با دیدن فرم و ادبیات تئاتری فرانسه در صدد بر آمد تا تغییراتی را در نمایش سنتی ایتالیا به وجود آورد.[۱٤]

در آپریل ۱۷٤۸ بعد از عیدپاسکوا و دفتر وکالت خود را تعطیل می‌کند و از پیزا و فلورانس به سمت ونیز می‌رود. او می‌خواست دوباره به دنیای تئاتر برگردد دنیایی که آرزوها و امیالش بهتر ارضا میشد. او که روابط خود را با دنیای تئاتر کنار نگذاشته بود در ۱۰ مارس ۱۷٤۸

---

[12] Giuseppe Imer.

[13] Don Giovanni Tenorio. 1735.

[۱٤] *آثار منتخب از کارلو گولدونی*، گرداوری جوزپه اورتولانی، تورینزه، تورین ۱۹۴۸، صص۲-۴.

در شهرلیورنو با جیرالومو مده باک[15] که در آن زمان رئیس کمدین‌های یک گروه نمایشی در تئاتر سانت آنجلو ونیز بود دیدار کرد و قرار داد نوشتن ۸ متن نمایشی را با آنها منعقد کرد.[16]

از سال ۱۷۵۰ به بعد شاهد سالهایی بسیار پر کار برای کارلو گلدونی هستیم نمایش نامه‌هایی مثل مرد محتاط، بیوه زیرک،خدمتکار افتخار آمیز، شوالیه و بانو، همسر خوب و... جزو متنهایی بودند که به اجرا در آمدند. این دوره را می‌توان آغاز تدریجی تحول عقاید گلدونی در کمدیا دلارته دانست، زیرا که او تلاش داشت تا به تدریج عادت‌های بازیگران به خصوص در امر بداهه‌گویی که یکی از عناصر مهم کمدیا دلارته بود، را به نوعی اصلاح کند. در این میان مردمی که سالها به دیدن سنتی این کمدی عادت کرده بودند، این تغییرات را نپذیرفتند و شاید این عدم ارتباط باعث عمده رنجش گولدونی از منتقدانش شد.

در این سالها در ونیز شاهد یک وضعیت فرهنگی پر جنب و جوش است که در آن چهارده تئاتر با بهترین بازیگران زمان خود با هم رقابت می‌کنند، زمانی است که بحث و گفتگوهای جسورانه و بی پروا بین نویسنده‌ها و بوجود می‌آید. از مهمترین رقیبان گلدونی در آن زمان میشود به کارلو گوتزی اشاره کرد که تقریبا نقطه مقابل گلدونی است.

کارلو گوتزی در ۱۳ دسامبر ۱۷۲۰ در شهر ونیز و در یک خانواده بسیار معروف و نجیب زاده به دنیا آمد. علاقه بسیاری به تاریخ

---

15 Girolamo Medebach.

۱۶ سیرو فررونه، *کارلو گولدونی*، سانسونی،فلورانس ۱۹۹۰ ،صص۳-۵.

وگذشته داشت. رویای تئاتر او در میان اساطیر و جن و پری‌ها بود. به هیچ عنوان با فضای نو ارتباط برقرار نمی‌کرد.او کمدیا دلارته را به شکل اصلی و پر زرق و برق میخواست.شخصیتهای او اکثرا از دل ناشناخته‌های داستانها پدید می‌آمد.گوتزی راه گذشتگان را با آراستگی بیشتر ادامه می‌دهد. با اینکه علاقه به اگزوتیسم در کارهایش موج میزد بازیگران را مجبور به اجرا از روی متن میکرد،همه حرکات و دیالوگها باید با تائید او انجام میشد و در عین حال از بداهه پردازی بازیگرانش استقبال می‌کرد.

در همین سالهاست که کارلو گولدونی به پاریس نقل مکان کرد و این پیشنهاد را برای کار به عنوان نویسنده تئاتر در پاریس میپذیرد، زمانیست که پاریسی‌ها هنوز هم به دیدن تئاتر ایتالیایی عادت داشتند. کارلو گلدونی که با فرهنگ پاریسی‌ها آشنایی دارد با دانسته‌های خود از دلارته سعی میکند برای ساختن تئاتر خودش از هر دو فرهنگ استفاده کنند.[۱۷]

گولدونی، پاریس

ممیورس،[۱۸] که بین سالهای ۱۷۸۴ و ۱۷۸۷ نوشته شده، آخرین اثر کارلو گولدونی است. میتوان گفت این اثر یک زندگینامه است که در آن نویسنده تجربیات هنری زندگی خود را با وقایع شخصی و درونی خود در هم تنیده است.

---

[۱۷] سیروفررونه، *کمدیا دلارته*، ایناودی، تورینو ۲۰۱۷، صص۲۲۱-۲۲۳.

[18] Mémoires.

گولدونی در فصل آخر از ممیورس سعی می‌کند تصویری درست از واقعیت‌های مهاجرت خود به پاریس را ارائه دهد.

این نویسنده در اوت سال ۱۷۶۲، درست قبل از شروع فصل جدید تئاتر وارد پاریس میشود. اولین دوره اقامت گولدونی در پاریس دوره ای بود که خود را با جغرافیای جدید سازگار میکرد در همین دوران است که به مدت دو سال درتئاتر کمدی ایتالیایی مشغول به کار می‌شود.[۱۹]

گولدونی در جغرافیای جدید شرایط اجتماعی و سیاسی کاملاً متفاوت از آنچه در ایتالیا دیده بود را تجربه میکرد. از طرفی اتفاق بسیار مهمی که برای او در پاریس افتاد این بود که توانست معمار و خالق تئاتری باشد که به دنبالش بود و میخواست. او در کارهایش بیشتر از آنکه به سبک سازی، قهرمانان تراژدی و کمدی موضوعی بپردازد به یک واقعیت اجتماعی در زندگی می‌پرداخت.[۲۰] از طرف دیگر در پاریسی که تئاتر برای مردم به شدت جذاب بود باید به شکل مدیریتش در رابطه با تما شاگر و مردم بسیار توجه میکرد تا در راهی که آغازش کرده بود به موفقیتی که میخواست دست یابد.

لذت بردن از همه نوآوری‌های هنری در پایتخت فرانسه و رویارویی با روشنفکران بزرگ فرانسوی زمان، مانند ولتر و روسو باعث دمیده شدن روحی دیگر در او شد که توانایی تبدیل شکست به فضیلت را در او به عنوان یک مرد و صد البته به عنوان یک هنرمند عمیقا غنی کرد.

---

[۱۹] سیرو فررونه، کارلو گولدونی، سانسونی، فلورانس ۱۹۹۰، صص۱۰۲-۱۰۳.
[۲۰] سیرو فررونه، کارلو گولدونی، صص ۹۵-۹۸.

در پاریس، گولدونی ابتدا آثاری را که از قبل نوشته بود به اجرا برد و بعدها با بیشتر تسلط پیدا کردن به زبان فرانسوی، و آشنایی بهتر با نیاز جامعه فرانسوی شروع به نگاشتن و اجرا کردن متون جدید شد.[۲۱]

در آن دوران گولدونی ۳۳ متن نمایشی را به صحنه برد که در ابتدا با قضاوت بسیار انتقادی فرانسوی‌ها مواجه شد، اما کمی بعدتر و با گذر زمان این اظهار نظرها به طور کلی مطلوبتر و منصفانه‌تر شد به نحوی که کم‌کم مورد پذیرش جامعه فرانسوی گردید. به غیر آن همین انتقادها در آن برهه زمانی باعث می‌شود که او بیشتر به سبک‌های نمایشی فرانسوی بپردازد.[۲۲]

گولدونی چه می‌خواهد؟

پیش از کمدیا دلارته کمدی دیگری در فلورانس وجود داشت به نام کمدیا فیورنتینا[۲۳] که نوعی از کمدی با ذائقه رمان‌های کلاسیک بود. این کمدی، نمایشی بسیار محکم با چهارچوب و بن‌مایه قوی که حیف و صد حیف که بسیار دیر به میان مردم پا نهاد. گولدونی این کمدی را بسیار دوست داشت و به خوبی می‌شناخت، شاید یکی از اولین انگیزه‌هایش برای ایجاد تغییر در نمایش سنتی ایتالیا از این اتفاق آغاز شد. در مورد این کمدی اطلاعات کمی در دست است ولاکن این کمدی بیشتر در سالن‌های شخصی و اشرافی برگزار می شد. امروزه

[۲۱] ویتو پاندولفی، تئاتر دراماتیک، مودرنه، رم ۱۹۵۹،ص ۶۲۳.

[۲۲] سیرو فررونه، کارلو گلدونی،صص ۹۷-۹۸.

[23] La commedia Fiorentina.

شاید بتوان در بین کتابخانه‌های قدیمی و در لابه‌لای کتاب‌ها به آن رسید.[۲۴]

می‌توان گفت که گولدونی در جستجوی یک تئاتر فاخر فرانسوی برای ادامه راه کمدیا دلارته بود. تا زمان او بازیگری و اجرا بر اساس فرم سنتی و قبلی آن و بیشتر بر پایه بداهه‌پردازی و مشاهده استوار بود ولی با آمدن گولدونی قسمت زیادی از این سنتها به هم خورد. دیگر حتما نباید یک بازیگر فقط یک نقش را بازی می‌کرد او با بازیگرانش به سان مهره‌های پازل رفتار می‌کرد تا بهترین حالت ممکن را برایشان پیدا کند. عنصر مشاهده همیشه کنار تجربه‌های شخصیش همراه بود در هر لحظه با مردم در ارتباط بود. با انها حرف میزد، شوخی می‌کرد سعی می‌کرد به درون مردمان پی ببرد. در قوه تخیل او تمام مشاهدات روزانه‌اش به خوبی ثبت و ضبط می‌شد. حرکات و رفتار و گفتار عشق‌ورزی‌های مردان و زنان اجتماع همه و همه برای او دوست داشتنی بود. زمانی بود که گولدونی دیگر در اروپا برای خود اسم و رسمی پیدا کرده و همگان او را به عنوان یک نویسنده و کارگردان تئاتر می‌شناختند.[۲۵]

---

[24] Ferrone Siro, *La commedia dell' arte*, cit. pp 16-18.

[25] Vito Pandolfi, *Il Teatro dramatico*, cit,. pp 623-626.

گولدونی و گوتزی

با تاثیراتی که گلدونی از فرهنگ و ادبیات فرانسه می‌گیرد متن‌های نمایشی او بسیار پالوده وبه اصطلاح آن دوره،فرانسوی می‌شوند. اما نقطه مقابل او کارلو گوتزی است که برعکس به این شکل نمایشی با پایبندی به رسوم وقواعد گذشته اعتقاد دارد.او معتقد است که باید در اصلاح تئاتر معتدل باشیم و اینکه بخواهیم یک انقلاب در آن به وجود بیاوریم را درست نمیداند او میخواهد از تمامی ژانرها در کمدیا دلارته استفاده کندو فقط به صورت کمدی و تک بعدی به آن پرداخته نشود.

هر جا که گولدونی میخواست تا متنی بنویسد یا به اجرا ببرد، سعی می‌کرد به درون بازیگر نفوذ کند در ونیز هم با بازیگران و رئیس کمدین‌ها معاشرت می‌کرد تا بهتر با آنها ارتباط بگیرد. اوهمیشه در جستجو تجربه‌های جدید در بازی بازیگران بود. او همواره دوست داشت سنتها و قوانین نا نوشته گذشته را بشکند.[۲۶]

گولدونی بازیگران را مجبور به خواندن متنها و گاها پارتهای نمایشنامه‌ها می‌کرد. تئاتر او جنبشی بر علیه دیالوگ گویی‌های تصنعی و ژستهای سنتی بازیگران بود. همواره تأکید در گفتار و رفتار ساده داشت. سعی می‌کرد سادگی و انسان گرایی با مضامین اخلاقی را جایگزین نمایش‌های فارس باروک کند.

---

[26] Cfr. *Ibidem*, pp 625-626.

نقش کارلو گولدونی در روند رو به رشد کمدیا دلارته

با اینکه فرهنگ ایتالیا واحترام به آن برای گولدونی بسیار مهم بود، اما وقتی میخواست متنهایش را چاپ و عمومی کند، بیشتر از فرهنگ فرانسه تاثیر میگرفت. در حقیقت گلدونی بسیار فرانسوی بود ولی گوتزی بیشتر ایتالیایی. یا شاید بهتر است بگوییم گوتزی مخلوطی از هر دو فرهنگ را میخواست.

امروزه می‌توانیم به راحتی به گوتزی و افکارش پی ببریم ولی بر عکس برای شناخت گولدونی و افکارش در بسیاری از اوقات دچار دوگانگی می‌شویم که شاید خود او هم دچارش بود.

در کل به صراحت می‌توان گفت کارلو گولدونی یکی از اولین کسانی بود که به درام بورژوازی پرداخت. او درام ۱۶۰۰ و ۱۹۰۰ را که هرگز ندیده بود با هم ادغام کرد و سبک خود را تا جایی که میتوانست پیش برد.

در ۱۷۹۳ کارلو گولدونی چشم از جهان فرو بست. چند سال بعد یعنی در ۱۸۰۶ کارلو گوتزی هم در ونیز فوت کرد و این چنین بود که آخرین باز مانده‌های بزرگ از آخرین نسل کمدیا دلارته هم خاموش می‌شوند و کم کم غروب کمدیا دلارته از راه می‌رسد.

دومان ریاضی

فهرست منابع

Ferrone Siro، *la commedia dell' arte*، Einaudi، Torino 2014.
Ferrone Siro، *Carlo Goldoni*، Sansoni، Firenze 1990.
Vito Pandolfi، *Il Teatro dramatico*، Edizione moderne، Roma 1959.
Carlo Goldoni، *Commrdie scelte di Carlo Goldoni*، a cura di Giuseppe di Ortolani، Torinese، Torino 1948.

دومان ریاضی

آقای آرلکینو

نگاهی به زندگی و آثار تریستانو مارتینلی

چکیده

بر هیچ پژوهشگر هنرهای نمایشی پوشیده نیست که کمدیا دلارته پس از شکل‌گیری و سفر طولانیش در اروپا و دیگر نقاط جهان، چه تأثیر بزرگی بر پیدایش، رخسارگیری و رشد سبک‌های نمایشی و بازیگری در جهان گذارده است. در طول عمر کمدیا دلارته ستارگان بسیاری پا بر عرصه نمایش گذاردند، آمدند، خنداندند، زندگی کردند و رفتند اما در این میان افرادی بودند که شروع حرکت نمایشی آنها بر صحنه آغازگر سبکی نوین در بازیگری بود سبکی که از زمان خود تاکنون راه خود را ساخته، پیموده و امروزه نیز بسیاری از کمدین‌های نمایش در دنیا تحت تأثیر آن هستند.

به طور قطع یکی از این ستارگانی که نبوغ او باعث شد تا نویسندگان و هنرمندان نمایشی بسیاری را هم به پای اجراهای خود بنشاند و هم آغازگر شکل گیری دیگر شخصیت‌های ماندگار نمایشی در آثار آنها شود، تریستانو مارتینلی بود. نابغه‌ای که در زمان خود اروپا را تحت سیطره هنر بازیگریش قرار داد. در این مقاله تلاش خواهیم کرد تا به

زندگی، آثار و نحوه شکل‌گیری شخصیت آرلکینو توسط تریستانو مارتینلی بپردازیم.

کلمات کلیدی: کمدیا دلارته، آرلکینو، تریستانو مارتینلی، ایتالیا

مقدمه:

قرن شانزدهم را می‌توان به عنوان یکی از قرون پر افت‌وخیز در تاریخ جهان نام برد، قرنی که هر دهه‌اش پر از اتفاقات بسیار بزرگ و تأثیرگذار در زندگی بشر بوده است. شروع این تغیرات بزرگ در سال ۱۵۰۱ از ایران بود، ایرانی که در آن زمان با تمام جنگ‌ها و درگیری‌ها یکی بزرگ‌ترین قدرت‌های جهان شمرده می‌شد. با آمدن صفویان و در رأس آنها شاه اسماعیل ایران وارد دوره جدیدی از تاریخ خود شد. طولی نکشید که ایران صفوی تبدیل به یکی از قوی‌ترین و باثبات‌ترین اقتصادهای عصر جدید اولیه شد و این اتفاق منجر به گسترش تجارت و حمایت بیشتر از فرهنگ و هنر شد. از سوی دیگر اگر ایران صفوی در مقابل دولت عثمانی نمی‌ایستاد معلوم نبود که امروز در اروپا چه خبر بود. کما اینکه در بسیاری از متون نمایشی کمدیا دلارته ردپایی از این جنگ‌ها دیده می‌شود.

و اما اروپا که هنوز به طور کامل از زیر سایه‌های تاریک قرون وسطی بیرون نیامده بود و جنگ و بی‌ثباتی در بیشتر نقاطش دیده می‌شد، شاهد ظهور اتفاقات بزرگ هنری، دینی و سیاسی بود. لئوناردو داوینچی و مونالیزایش، شاهزاده نبوغ میگل د سروانتس و قلم پر

هیجانش، ماکیاولی فلورانسی با کلمات و عقاید میهن‌پرستانه‌اش، مارتین لوتر اصلاح‌طلب، گالیله همه‌چیزدان و در رأس همه اینها شکسپیر و ادبیات بی‌بدیلش باعث شدند تا تاریکی و افکار تند مذهبی جای خود را به مفاهیم انسانگرایانه بدهد.

مفهوم دانشِ «انسان‌گرایانه» کم‌کم داشت جایگاه خود را تثبیت می‌کرد. متون مذهبیِ مسیحی که در «قرون وسطی» پایه و اساسِ علم‌آموزی به حساب می‌آمد، جای خود را به علوم انسانیِ کهن مانند نمایش تاریخ، فلسفه و شعر داد. پسران و دختران می‌توانستند زبان لاتین و یونانی را بیاموزند و متون مربوط به جهان باستان را به زبان اصلی مطالعه کنند. از طرفی دیگر نشر کتاب‌های علمی، این فرصت را برای دانش‌آموزان فراهم کرد که با آموزه‌های نویسندگان و اندیشمندان بیشتری آشنا شوند[۱].

در همین گیرودار بود که ایتالیا و بعدها کل اروپا شاهد ظهور یک پدیده بی‌نظیر نمایشی شد که تا به امروز تأثیر خود را بر هر فرهنگ نمایشی در جهان گذاشته است. نمایشی که از خواست و نیاز مردم و از خود مردم برخاست و به زودی جای خود را در میان اکثر اقشار جامعه، از درون کاخ‌های سلطنتی تا میان کوچه و پس‌کوچه‌های شهرهای بزرگ و کوچک، پیدا کرد.

یکی از اتفاقات مهم رنسانس در ایتالیا در تئاتر رقم خورد جایی که شاهزادگان و بسیاری از تجار و نجیب‌زادگان خوش‌ذوق و

---

[۱] ویل و آوریل دورانت، *تاریخ تمدن ویل دورانت*، انتشارات علمی فرهنگی، ابوطالب صارمی، تهران ۱۳۸۵ ، نگاه شود به جلد پنجم، ششم و هفتم.

خوش‌مشرب شروع به حمایت از هنر و علی الخصوص تئاتر کردند. کمتر قصری بود که گروه‌های نمایشی را در خود نبیند. لذت دیدن نمایش، موسیقی، رقص و آواز بر فرامین کلیسا می‌چربید، البته هنوز نفوذ و بحث‌های اخلاقی کلیسا کاملاً احساس می‌شد و بسیاری از گروه‌های نمایشی برای اجراهای عموم خود نیاز به مجوز کلیسا داشتند اما نمایش با قدرت و سرعت راهش را ادامه می‌داد. با آغاز شکل‌های اولیه این گونه فاخر نمایشی اتفاقات بسیار مهمی در نمایش بعد از قرون وسطی رقم خورد. که از جمله آن‌ها می‌توان به ورود دوباره زنان به صورت حرفه‌ای به صحنه نمایش‌های غیرمذهبی اشاره کرد، آن هم درست در زمانی اشاره کرد که نگرش جامعه به بازیگران زن هنوز تعریف و تعیین نشده بود. دقیقاً همانطور که جایگاه مردان نسبت به زنان در زندگی روزمره آن زمان بهتر بود، در بازیگری هم که بخشی از فعالیت‌های اجتماعی است، این نگاه به شدت دیده می‌شد. همین امر باعث می‌شد که نه تنها نگاه جنسی به بازیگران زن بیشتر باشد بلکه تا مدت‌ها زنان بازیگر در ازای اجراگریشان نمی‌توانستند مستقیماً حق و حقوق خود را دریافت کنند و دستمزد آنها تا مدت‌ها به همسران یا پدر و یا برادارانشان پرداخت می‌شد[۲]. اما با ورود کمدیا دلارته کم کم جامعه ایتالیایی نوعی اتحاد و عزت نفس اجتماعی و بسیار انسانی در حقوق مشترک زن و مرد را به خود دید. اتحادی که باعث شد هم حقوق بازیگران زن حفظ شود هم کمتر شاهد اجراهای تکی از سوی بازیگران این شکل نمایشی باشیم که تا به آن زمان اکثراً

[۲] نکته بسیار جالب اینکه همین اتفاق باعث شد ازدواجهای بسیاری بین اجراگران کمدیا دلارته اتفاق بیافتد و گاها این زوج‌های هنری تبدیل به ستارگان موفقی نیز می‌شدند.

درگوشه و کنار و میدان‌ها و کوچه و پس‌کوچه‌ها به هنرنمایی مشغول بودند و این یعنی آغاز به کار کمپانی‌های نمایشی.[۳]

با آغاز فعالیت کمپانی‌های نمایشی و ثبت قراردادها در دفاتر اسناد رسمی شهرها، بازیگری در کمدیا دلارته وارد عصر جدیدی در تاریخ خود شده بود و بالتبع مدیران کمپانی‌ها در تلاش بودند[٤] تا بازیگرانی که محبوبیتشان بین مردم بیشتر بود را به گروه خود بیاورند. در این میان بازیگرانی که نبوغ و هنر بیشتری داشتند جایگاه ویژه‌ای در میان درباریان پیدا می‌کردند به نحوی که یکی از قابل‌توجه‌ترین برنامه‌های ازدواج‌های خاندان سلطنتی اروپایی اجراهای کمدیا دلارته بود.[٥]

با پیشرفت و همه گیر شدن حرکت کمدیا دلارته در جای جای ایتالیا و اروپا، کم کم ماسکره‌ها[٦] به صورت کاملاً شناخته شده و از هم تفکیک شدند.[۷] بیشتر شدن ماسکره‌ها و بالتبع جذابیت‌های نمایشی برای مردمی که تشنه اتفاقات جدید بودند امری بسیار هیجان‌انگیز و پر

---

۳ انتشارات نیماژ نگاه شود به قسمت کمپانی‌های نمایشی از کتاب کمدیا دلارته اثر سیرو فررونه، ترجمه دومان ریاضی

٤ Capo comico یا رئیس کمدینها که یا مستقلاً به اداره آن کمپانی می‌پرداخت یا توسط شاهزاده یا خاندان سلطنتی انتخاب می‌شد.

5 Siro Ferrone، *La commedia dell arte*، Einaudi، Torino 2014، pp25-40

٦ ماسکره به دو معنی در کمدیا دلارته استفاده می‌شود؛ اول شخصیتهای نمایشی و دوم خود کلمه ماسک.

۷ درکل ماسکره ها به سه قسمت پیرها، خدمتکاران و عاشقها تقسیم بندی می‌شود. بعضی دیگر ماسکرها مانند کاپیتانو به صورت مستقل در نمایش هستند و در این تقسیم بندی گنجانده نمی‌شوند.

آقای آرلکینو

طرفدار بود که باعث دیده و پذیرفته شدن و البته ماندگاری این ماسکره‌ها شد.

و اما آرلکینو..

تصویر شماره ۲. لباس و ماسک آرلکینو

می‌توان گفت که یکی از شناخته‌شده‌ترین، مشهورترین و محبوب‌ترین ماسکره‌های کمدیا دلارته آرلکینو یا همان زانی دوم است. آرلکینو نیز مانند بریگلا از شهر برگامو در شمال ایتالیاست اما از قسمت پایین‌شهر. به همان اندازه که هموطنش بسیار رند و زیرک است او خوش باور، زودباور، ساده‌اندیش و ساده‌نگراست، بعضی وقت‌ها یک کلاهبردار ذاتی و به نام و بعضی وقت‌ها بسیار خوش‌قلب و مهربان است، در مقطعی از زمان به معنای کامل کلمه در صحنه گرسنه بود، زیرا بازیگری که نقش را ایفا می‌کرد اغلب زندگی بسیار سختی داشت و تهیه غذا برای خود و خانواده‌اش بسیار سخت بود. نکته بسیار مهمی که نباید از آن غافل شویم سفر کمدیا دلارته و تغییر و شخصیتی ماسکره‌ها است. به طور مثال در ابتدا حرکت کمدیا دلارته اگر ماسکره‌ای منفی است دلیل بر منفی بودن آن در ادامه تاریخ کمدیا دلارته نیست پس اگر آرلکینو در ابتدای خلق شدنش و در ایتالیا دست‌وپا چلفتی و همیشه فریب خورده است. شاید سال‌ها بعد یا در کشوری دیگر مانند فرانسه بسیار باهوش و چالاک باشد، همانطور که در آثاری که از کارلو گولدونی در فرانسه ساخته می‌شود به وضوح می‌توان به این تغییر درآرلکینو و دیگر ماسکره‌ها پی برد. ماسکره‌ای که وظیفه اصلی آن حفظ و نگه‌داری از ریتم نمایش از آغاز تا پایان است. این ماسکره همواره در حرکت است و بسیار چابک به حرکات آکروباتیک می‌پردازد، می‌رقصد، از دیوار بالا رفته وبا چوب راه می‌رود.

پیشینه

در مورد خاستگاه آرلکینو نظرات متعددی وجود دارد که هریک به نحوی می‌تواند در شکل گرفتن این ماسکره بی‌همتای کمدیا دلارته مؤثر باشد. عده‌ای نام او را برگرفته از پرنده‌ای با بال‌های رنگارنگ به نام هارله می‌دانند. عده‌ای دیگر او را به داستان‌های باستانی آلمان نسبت می‌دهند[۸]. بعضی از پژوهشگران هم این اسم را به یک قهرمان اهل بولونیا ایتالیا نسبت می‌دهند که در جنگ علیه نورمن‌ها کشته شد و باعث شد تا داستانی از شیاطین نفرین شده به وجود آید.[۹]

اوردریکو ویتاله راهب و تاریخ‌نگار انگلیسی قرن یازدهم میلادی[۱۰] آرلکینو را به عنوان سر دسته گروهی از موجودات جهنمی نمایان می‌کند. در ایتالیا زادگاه کمدیا دلارته دانته در اثر بی‌نظیرش کمدی الهی در قسمت دوزخ، به ابلیسی با نام آلیکینو اشاره می‌کند.[۱۱] این اشارات همه و همه ما را به سمتی سوق می‌دهد که بتوان آرلکینو را در شبح‌ها، شیاطین و دلقک سنت‌های اروپای سده‌های میانه یافت.[۱۲]

---

[۸] یوهان گوتفرید و گوته جزو کسانی بودند که که در آثارشان به این اسم اشاره کرده‌اند در داستانهای پهلوانی آلمانی از ارل کونیگ با عنوان شاه غولان یاد شده است.

[9] Pierre Louis Duchartre, *The Italian Comedy*, Dover Publication, New York 1996, pp-125-138

[10] Orderico Vitale (Atcham, 1075 – Saint-Evroult, 1142)

[۱۱] شاخه شوم. سرود بیست ویک و بیست و دو

[12] Pierre Louis Duchartre, *The Italian Comedy*, p 137

نظریه دیگر که از باور کمدین‌های نسل اول دلارته سرچشمه می‌گیرد اشاره به یک خدمتکار ساده‌لوح و گرسنه دارد که به مرور زمان و با پذیرفته شدنش بین مردم شخصیت پیچیده‌تری را به خود می‌گیرد و این بار آرلکینو آمیزه‌ای از تنبلی و حیله‌گری و شرارت است.

اما روایتی دیگر از دومنیک دوراندی[۱۳] داستان را برایمان جذاب‌تر می‌کند. او در کتاب خود[۱۴] به داستان یک لرد فرانسوی[۱۵] اشاره می‌کند که در سال ۱۳۵٦ بعد از نبردهای کرسی و پواتیه تلاش می‌کند تا زادگاه خود را رها کرده و به جای امن‌تری برای زندگی برود. همراه او خدمتکاری است زیرک و باهوش که به گفته خودش برایش هزاران پاپوش درست کردند و جرم‌هایی که به او نسبت داده را نمی‌پذیرد از زور گرسنگی دست به دزدی یک تکه نان می‌زند و وقتی که تلاش برای فرار داشت کتک خورده از ناحیه سرش زخمی می‌شود و پلیس او را دستگیر می‌کند. وقتی قاضی شهر از او اسمش را می‌پرسد او خود را پیترو می‌نامد ولی در ادامه قاضی او را پیترو آرلکوین صدا می‌زند. این خدمتکار می‌گوید که در نبرد پواتیه علیه دشمنان فرانسه جنگیده و همانطور که به کشورش وفادار بوده به اربابش هم وفادار خواهد ماند. اشاراتی که دومنیک دوراندی به رفتار و فیزیک بدنی و حرکتی این خدمتکار می‌کند بی‌شک ما را یاد شکل‌های ابتدای آرلکینوی محبوب می‌اندازد ولی به هر حال هر کدام از این نظریه‌ها می‌تواند گوشه‌ای از خاستگاه آرلکینو باشد ولی آنچه بسیار مهم است چگونگی شکل‌گیری

---

۱۳ روزنامه‌نگار و وکیل فرانسوی قرن بیستم

14 poussières d'italie

15 Count of Louvence

شخصیت نهایی آرلکینو است که توانسته به صورت کاملاً استادانه همه این جنبه‌ها را در خود حفظ و گسترش دهد.[۱۶]

لباس

اگر بخواهیم به قدیمی‌ترین شکل لباس آرلکینو اشاره کنیم باید بگوییم که تفاوت بسیار فاحشی با آنچه امروزه از آن به عنوان لباس کلاسیک آرلکینو یاد می‌شود دارد. با توجه به اسناد موجود[۱۷]، در شکل ابتدایی یک کت و شلوار مندرس و روشن رنگ با تکه‌های نامنظم مانند وصله‌وپینه برمی‌خوریم که از خود لباس تیره‌تر هستند. اما این وصله‌پینه‌ها که بعدها شکل منظم‌تری به خود گرفت دارای تعابیر مختلفی هستند که هر کدام می‌تواند مانند خاستگاه کمدیا دلارته درست باشد. از زان گاناسسا[۱۸] به عنوان اولین بازیگر ماسکره آرلکینو که لباس رنگارنگ و وصله‌پینه‌ای را به تن کرده یاد می‌شود.[۱۹]

---

[16] Pierre Louis Duchartre, *The Italian Comedy*, pp 136-137

[۱۷] نگاه شود به تصاویر شماره ۲. و ۳

[۱۸] 1584 — 1540آلبرتو نازلی یا آلبرتو گاواتزی

[19] Pierre Louis Duchartre, *The Italian Comedy*, pp 134-135.

تصویر شماره ۲. حرکات آکروباتیک آرلکینو و زانی کورنتو. از مجموعه فوسارد.[۲۰]
حدود ۱۵۸۴

در میان کمدین‌های دلارته نظریه‌ای بود که می‌گفت «دوستان و یاران آرکینو که معمولاً در کارنوال‌ها حضور داشتند از روی مهر و شفقت هر کدام قسمتی از لباس کارناوالی خود را به آرلکینو در آن زمان بسیار فقیر بود هدیه دادند تا او هم تن‌پوشی داشته باشد. این مسأله می‌تواند از دو بعد بررسی شود.»[۲۱] اول اینکه همانطور که گفته شد آرلکینو یا

---

20 Recueil Fossard.

21 Pierre Louis Duchartre, *The Italian Comedy,* p 135.

دیگر زانی‌ها اکثراً از قشر کم‌توان جامعه بودند و فقر مالی آنها همیشه در همه داستان‌ها و نقاشی‌ها به نحوی دیده شده است. اما مسأله دوم که کمی این نظریه را عمیق‌تر می‌کند نگاه تقدسگرایانه به لباس، جسم و روح آرلکینو است کما اینکه اگر بپذیریم که ماسکره‌های کارناوال هر کدام سمبل و نماینده قشری خاص از جامعه و بعضاً شخصیتی ماورایی هستند، تکه‌های لباس‌های آن‌ها می‌تواند به صورت نمادین قدرت، حکمت، و توانایی‌های ماورایی را به آرلکینو دهد.[۲۲]

---

[۲۲] صحبت در مورد لباس آرلکینو در این مقاله نمی‌گنجد. در مقاله‌ای مفصل در مورد لباس سیمرغ گونه آرلکینو صحبت خواهم کرد.

تصویر شماره ۳. آرلکینو با سبدی بر پشت با آرلکین‌های کوچک و پاتالونه. از مجموعه فوسارد. حدود ۱۵۸۴

یک کلاه نمدی سفید با یک تکه دم خرگوش یا روباه است. این دم حیوانات سنت دیگری از دوران باستان را برای ما خاطر نشان می‌کند. دم روباه یا گوش خرگوش به هرکسی که مورد تمسخر بود وصل

می‌شد. گلدونی در خاطراتش می‌گوید[23] «به دنبال ریشه شخصیت آرلکینو که لذت تئاتر ایتالیایی است، بسیار گشت‌وگذار کردم جالب است که در وطن آرلکینو نه چشمان سیاه و نه لباس مضحک را پیدا کردم بلکه برعکس برایم جالب بود که آیا این روستاییان دم خرگوشی که در کلاهشان دارند را از آرلکینو گرفته‌اند یا اینکه آرلکینو آن را از این مردم دارد. یک کمربند که از آن کاردک چوبی آویزان است که معمولاً برای هم زدن پولنتا[24] استفاده می‌شود که به آن "باتتاچو" [25] می‌گویند، نیز اجزا دیگر تشکیل‌دهنده لباس آرلکینو بود.»[26]

ماسک

یک نیم‌ماسک مشکی یا قهوه‌ای تیره از چرم یا گاهی‌اوقات با مقوای موم اندود شده که ویژگی‌های شیطانی و گربه‌سانی دارد که گاهی اوقات ابروها و سبیل‌های خشن و بینی خمیده دارد. معمولاً یک برآمدگی آشکار روی پیشانی‌اش است. اما اینکه چرا باید مشکی یا تیره باشد هنوز یک سؤال دیگر است. شاید به این دلیل است که ریشه آرلکینو را به بردگان سیاه‌پوستی که در مراسم باستانی می‌دهند که در حمد و ستایش پریاپوس و دیونیزوس بود.[27] شاید تصور می‌شود که هارلکین

---

23 Memoires Of Goldoni.

۲۴ گونه‌ای از سوپ ذرت.

25 Battacio.

۲۶ *کمدیا دلا رته*. جاکومو اورلیو. مترجم: ناتالی چوبینه. انتشارات قطره. تهران ص۹۲.

27 Phallophories.

ممکن است نواده مستقیم آنها باشد. فرضیه دیگر این است که خدمتکاران سیاه‌پوستی در برگامو وجود داشته‌اند که به عنوان الگوی این شخصیت عمل کرده است، اما این به ندرت محتمل است. گلدونی توضیح دیگری درباره رنگ ماسک ارائه می‌دهد که به همان اندازه دور از ذهن است. او می‌گوید «نقاب تیره‌رنگ او چهره ساکنان آن کوه‌ها را نشان می‌دهد که توسط آفتاب شدید سوخته‌اند.»

زبان

درباره گویش این ماسکره باید بگوییم در ابتدایی‌ترین نسخه آن می‌توان به لحجه برگامویی آن کامل پی برد که بعضی وقت‌ها از کلمات قدیمی این گویش برگامویی استفاده می‌کند ولی کم کم و هم با سفر کمدیا دلارته و هم با آمدن بازیگران مهم و تأثیرگذار، در زبان این ماسکره کم کم تغییراتی ایجاد می‌شود و زمانی که به اوج خود می‌رسد شاهد ظهور یک گویش خاص تلفیقی که بعضی واژه‌های آن به قراردادی میان اجراگر تماشاگر تبدیل می‌شود. بعد از سفر آن به فرانسه و محبوبیتش بین فرانسوی‌ها زبان آرلکینو تبدیل به ترکیبی از برگامویی فرانسوی می‌شود.[۲۸]

از سه ماسکره تریولینو،[۲۹] تروفالدینو[۳۰] و گوازتتو[۳۱] به عنوان سه ماسکره نزدیک و هم‌خانواده به آرلکینو نام برده می‌شود. با وجود

---

[28] Pierre Louis Duchartre, *The Italian Comedy,* p 13.

[۲۹] Trivelino. گمان می‌رود که یکی از ریشه‌ها یا شکل‌های اولیه ماسکره آرلکینو باشد که که در قرن پانزدهم شناخته می‌شد. او یک ماسکره بسیار سرکش بود کارش

جذابیت هر سه ماسکره ولی هیچ کدام نتوانستند حتی گوشه‌ای از محبوبیت آرلکینو را داشته باشند.

آقای آرلکینو[۳۲]

در طول عمر کمدیا دلارته بازیگران بسیاری بودند که با این ماسکره پا به صحنه تئاتر اروپا گذاردند ولی در میان آنها اندک نقش‌آفرینانی بودند که توانستند تأثیر ماندگاری در تاریخ کمدیا دلارته داشته باشند. زان گاناسسا، دومنیکو بیانکوللی[۳۳] جز افرادی بودند که در ماندگاری این ماسکره نقش بسیار مهمی ایفا کردند. اما بی‌شک یکی از بازیگرانی که آغاز بازیگریش نقطه عطف بسیار مهمی در کمدیا دلارته و تاریخ

گول زدن پانتالونه و دکتر بود. دومنیکو لوکاتللی یکی از بازیگران مطرح این نقش بود که در حدود سال‌های ۱۶۵۰ این نقش را بازی می‌کرد.

[۳۰] Truffaldino. یک متقلب حیله‌گر که در حدود اوایل قرن شانزدهم ظاهر می‌شود. دروغگو، لافزن و حیله‌گر... کارلو گوتزی معتقد است او بداهه‌ترین ماسکره کمدیا دلارته است و هیچ وقت نمی‌شود نقش او را مکتوب کرد. بازیگر بایستی قصد نویسنده و کارگردان را می‌دانست و در لحظه خلق می‌کرد. از آنتونیو ساکو به عنوان یکی از بهترین بازیگران این ماسکره یاد می‌شود.

[۳۱] Guazzetto یا Guatsetto با لباس‌های بسیار گشاد که در حدود اوایل قرن شانزدهم روی صحنه بود. بدن بسیار منعطف و یک طنزپرداز قهار بود.

[۳۲] این قسمت از مقاله تا به آخر حاصل خوانش و ترجمه بیش از ۷۰۰ صفحه از زبان ایتالیایی است که از ۳ کتاب سیروفررونه خلاصه شده است.

[۳۳] Dominique Biancolelli(1636 –1688) . در بولونیا ایتالیا زاده می‌شود و در پاریس فوت می‌کند. بازیگری با بدن بسیار منعطف که تخصص اصلیش به کمدی در آوردن رمان‌ها و داستان‌های بزرگ و معروف آن زمان بود.

تئاتر جهان بود، تریستانو مارتینلی است. بازیگری که با استعداد بی‌نظیرش پایه‌گذار سبک جدیدی از بازیگری شد که بعدها بسیاری از کمدین‌ها وام‌دار سبک و روش او در بازیگری شدند.

تریستانو مارتینلی معروف به آرلکینو در ۷ آپریل ۱۵۵۷ در روستای مارکاریا در ۱۲ مایلی شهر مانتوا، استان لومباردی[۳۴] و در یک خانواده نه چندان دور از هنر نمایش به دنیا آمد. مادرش لوسیا و پدرش فرانچسکو نام داشت. پدرش فرانچسکو با هنر نمایش بیگانه به نظر نمی‌رسید، زیرا چند بار با پسران جوان خود در برخی مذاکرات تئاتری با دوک گونزاگا همکاری کرد. آن‌ها چهار فرزند با نامهای دورسیانو، روبیانو، تریستانو و باربارا داشتند. در مورد دورسیانو و تریستانو مفصل صحبت خواهیم کرد ولی از زندگی روبیانو و باربارا اطلاعات زیادی در دست نداریم و نمی‌دانیم که ایا آن‌ها هم حرفه نمایش را دنبال کردند یا خیر فقط به این نکته بسنده می‌کنیم که روبیانو در برهه‌ای از زمان حرفه تجارت را دنبال می‌کرد.

و اما دورسیانو و تریستانو...

در همان سنین جوانی بود که تریستانو در کنار برادر بزرگترش دورسیانو وارد حرفه بازیگری شد. دورسیانو که در آن زمان شناخته تراز تریستانو بود، حکم استاد را برای برادر کوچک‌تر داشت، کما اینکه تا مدتها درسیانو به عنوان یک هنرمند کار بلد در بین

---

[۳۴] Lombardia استانی در شمال ایتالیا که مرکزش شهر میلان است.

آقای آرلکینو

هم‌صنف‌هایش شناخته می‌شد. تریستانو مدت طولانی از دورسیانو پیروی یا بهتر است بگوییم تقلید می‌کند یا به عبارت دیگر، دروسیانو و تریستانو حداقل در جوانی تقریباً یک فرد بودند.

اولین سندی که از اجراهای این دو برادر به جا مانده اشاره به ۷ سپتامبر ۱۵۷۶ می‌کند زمانی که آنها پس از فرار از مانتوا به دلیل شیوع طاعون، با هم به شهر آنتورپ می‌روند. در کنار آنها چند بازیگر دیگر (از جمله وینچنزو بلاندو) و سه بازیگر زن حضور داشتند. علی‌رغم فضای متشنج و خشونت‌آمیز ناشی از نیروهای نظامی اسپانیایی و شورشیان فلاندری در آن دوره، کمدین‌ها، به لطف ضمانت‌هایی که توسط برخی از بازرگانان شناخته شده ایتالیایی ارائه شده بود، اجازه ادامه اجراهای خود را در برخی از شهرهای پر رفت‌وآمد دریافت کردند.

تا سال ۱۵۸۴ یعنی زمانی‌که آنها بعد اجراهای خود در غرب اروپا به مانتوا برمی‌گردند، هیچ گونه سندی از فعالیت‌های مارتینللی‌ها وجود ندارد. در همین سال دو برادر به همراه آنجلیکا آلبرگینی (همسر دورسیانو) به پاریس می‌روند. احتمال اینکه این سه نفر در پاریس به گروهی از بازیگران کمدی ملحق شده باشند، وجود دارد زیرا پاریس در آن زمان معدن بازیگران بداهه‌پرداز و آکروبات‌بازان ماهر بود که از جای جای اروپا به آنجا می‌آمدند. کما اینکه تریستانو به دلیل چابکی و بدن آکروباتیکش در آن زمان هم ورد زبان بسیاری از گروه‌های نمایشی شده بود. در واقع بیان او یک گونه ایدئوگرام فیزیکی است تا کلمات گفتاری، بیانی برون‌زبانی که از کدهای طبیعی بدن فاصله داشت و همین امر او را از تمام نقش‌پوش‌های آرلکینو متمایز می‌کند.

کار او دراین دوره زمانی پر رنگ‌تر می‌شود که می‌فهمیم درست در همان زمان بازیگران مهم و کاربلدی در پاریس هنرنمایی می‌کنند که هر کدام قسمتی از تاریخ تئاتر اروپا هستند از جمله این بازیگران می‌توان به برناردینو لومباردی،[۳۵] فابریزیو دی فورناریس،[۳۶] بارتولومئو روسی،[۳۷] ویتوریا دلی آمورولی[۳۸] و گابریل پانزانینی[۳۹] اشاره کرد.

درست در آن زمان در فرانسه و اسپانیا یک نوع اتهام ترس و عدم اعتماد به کمدین‌های دلارته ایتالیایی به وجود آمده بود و هم دوره‌های مارتینللی‌ها به جای دفاع از اسم و پیشینه خود شروع به ساخت آثاری با موضوع نوعی رستگاری اخلاقی کردند. اما تریستانو و دروسیانو برخلاف آنها با خلق شخصیتی کاملاً جسورانه همان آن اتهامات را در نمایش به انتقاد کشیدند. داستان از این قرار بود که بین سال‌های ۱۵۸۴ تا ۱۵۸۶ کار کمدین‌های ایتالیایی در اروپا و علی الخصوص فرانسه بسیار رونق داشت به نحوی که کمدین‌های دیگر کشور و حتی

---

[۳۵] Bernardino Lombardi یکی از نویسندگان کمدیا دلارته از زندگی او اطلاعات زیاد در دست نیست فقط سندی از ۱۵۹۰ اشاره می‌کند که در میانه قرن شانزدهم به دنیا آمده و اصالتاً اهل فرارا است..

[۳۶] Fabrizio de Fornaris بازیگر ماسکره ایل کاپیتانو که در قرن شانزدهم می‌زیسته است.

[۳۷] Bartolomeo Rossi بازیگر نقش پدرولینو که برای مدت طولانی در کنار تریستانو به صحنه رفت زمانی که تریستان در گروه غایب بود او نقش آرلکینو را اجرا می‌کرد.

[۳۸] Vittoria degli Amorevoli بازیگر قرن ۱۶ و ۱۷ ماسکره زن عاشق که در گروه‌های مختلفی این ماسکره را به صحنه می‌برد.

[۳۹] Gabriele Panzanini در سال ۱۵۴۰ در شهر بولونیا به دنیا آمد. او بازیگر ماسکره فرانکاتریپه بود بیان او آمیزه‌ای از گویش بولونی و توسکانی صحبت می‌کرد.

خود فرانسوی‌ها بسیار کم کار شده بودند. تمایل و ذوق مردم بیشتر به سمت نمایشی بود که بازیگران کمدیا دلارته ایتالیایی اجرا می‌کردند و همین امر باعث حمله به ایتالیایی‌ها به بهانه تقبیح، بدنامی‌های اخلاقی و بی‌اعتمادی، راه خوبی برای خراب کردن کسب و کار آنها بود. این برخورد مارتینللی‌ها پاسخی قاطع و روشن به انتقاد و سانسور اخلاق‌گرایانه متعصبان مذهبی بود که بازیگران ایتالیایی را به شیطان، فاحشه و مفسد جسم و روح متهم می‌کردند.

اما در میان سایه‌های بی‌اعتمادی، خصومت و اتهام، نیلوفری از مرداب رویید و یکی از بهترین اتفاقات تاریخ تئاتر جهان رقم خورد، جایی‌که تریستانو شروع به ساخت چارچوب شخصیت آرلکینو کرد. تریستانو به جای تسلیم شدن در برابر فشار نابرابر مذهبیون و رقیبانش، شجاعت و حمله بر دل ناشناخته‌ها را انتخاب کرد. او که به همراه برادرش بسیار سفر کرده بود و در سفرهایش بسیار آموخته بود، این بار سفر را به گونه‌ای دیگر تعبیر کرد.

تریستان و دروسیان مجبور نبودند چیز جدیدیی اختراع کنند، کافی بود تا بخشی از سنت و اسطوره را با هم ادغام کرده وبا هنر و نبوغشان به صحنه بیاورند. آن‌ها دوباره سفر را انتخاب کردند ولی این بار تماشاچیان مشتاق را داشتند که انتظار دیدن نمایش جدید مارتینللی‌ها را داشتند، به سفر بردند، آن هم سفر به دنیای مردگان.

یکی از شایع‌ترین صحنه‌هایی که تماشاچیان بسیاری را به پای نمایش‌های قرون وسطی و اواخر آن می‌نشاند، استفاده از صحنه‌های جهنم، بهشت و در کل دنیای مردگان بود. صحنه‌هایی که با جادوی سیاه، سایه‌های زشت شیطان، موجودات جهنمی، دود و آتش و ارواح

و جادوگران و.. تبدیل به دنیایی دیدنی برای تماشاچیان می‌شد. این بار برادران مارتینلی نمایشی به صحنه می‌برند که در آن آرلکینو با کمک دوستش دکتر به دنیای مردگان می‌روند تا اربابش پانتالونه را نجات دهند. در واقع، نمایش سفر به زندگی پس از مرگ یکی از بهترین و پربیننده‌ترین نمایش‌هایی بود که در اواخر قرن پانزدهم و اوایل قرن شانزدهم توسط بازیگران ایتالیایی به صحنه می‌رفت که تماشاگران را به شدت به وجد می‌آورد.

در نوشته‌ای دیگر با نام فیاملّلا[۴۰] اثر بارتولومه روسسی که در سال ۱۵۸۴ به صحنه رفت این بار دکتر و زانی دی برگامو در اثر غرق شدن کشتیشان می‌میرند و پانتالونه به دنیای مردگان می‌رود که آن دو را نجات دهد ولی در آخر تنها خودش مجوز بازگشت به دنیای زندگان را می‌یابد.

---

[40] Fiamella- 1584.

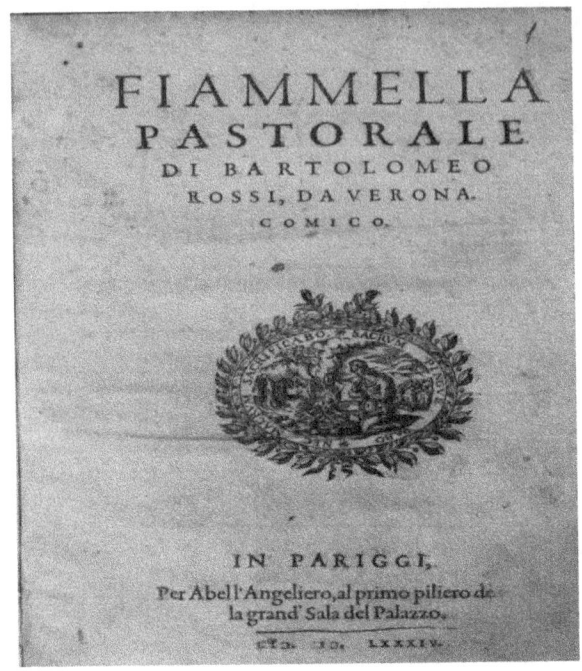

FIAMMELLA
PASTORALE
DI BARTOLOMEO
ROSSI, DA VERONA.
COMICO.

IN PARIGGI,
Per Abel l'Angeliero, al primo piliero de la grand' Sala del Palazzo.
M. D. LXXXIV.

تصویر شماره ۴ صفحه اول از نمایش نامه فیامللا اثر بارتولومه روسسی. از کتابخانه مرکزی رم ۱۵۸۴

نابغه اهل مانتوا نظریه‌پرداز نبود؛ اما غریزه‌ای قوی، دانشی بی‌نظیر، فکری باز و صد البته بازیگری توانمند بود که توانست با تمامی اندوخته بازیگریش شخصیت آرلکینو را بسازد. تریستانو مدام به سؤالاتی می‌اندیشید که در غالب اتهام به او و همکارانش زده شده بود. آیا نمایش‌های ایتالیایی‌ها شیطانی هستند؟ آیا بازیگرانشان شیاطین وسوسه‌انگیز هستند؟ آیا تئاتر ایتالیایی دهلیز جهنم است؟ آیا نمایش آنها جادوی سیاهی است که سایه‌های زشت جهنمی را تداعی می‌کند؟ اما پاسخ او به آنها این بود: خوب، ما این تعبیرها را به آنها

تقدیم خواهیم کرد، این جهنم، این جادو و این شیطان... ساخته او در صحنه به شکلی درخشید که طولی نکشید بعضی از منتقدانش شروع به عذرخواهی کردند و نقدهایشان را حاصل مبالغی دانستند که از بعضی از گروهک‌های مذهبی افراطی گرفته بودند.

چارچوب شخصیت آرلکینو در سفر ساخته شد و به زودی تبدیل به محبوب‌ترین ماسکره کمدیا دلارته در تمامی اروپا گردید. دیگر هر جا صحبت از کمدیا دلارته بود آقای آرلکینو در آنجا هنرنمایی می‌کرد. بدنی چالاک که حرکاتی را به نمایش در می‌آورد که شاید معنای منطقی نداشتند ولی تبدیل به یک قرارداد با تماشاچیان و بازیگر می‌شد. راه رفتن تا جهش‌های بلند و انفجاریش در صحنه کار هر بازیگری نبود.

تریستانو گویشی ترکیبی را برای آرلکینو طراحی کرد که در آن نوعی از لهجه قدیمی مانتوایی، لاتین، فرانسوی و اسپانیایی استفاده شده بود، که باعث ایجاد صداهای خنده‌دار و گاهی‌اوقات ناخوشایند می‌شد. او برای تولید این گویش از فرایند *نام‌آوا*[۴۱] استفاده کرد. نکته بسیار جالب در مورد لباس او بود که برخلاف زانی‌های دیگر اصلاً سنگین نبود. پرش و جهش‌های انفجاری و حرکات اکروباتیکش باعث شد تا به فکر تهیه لباس سبک و راحت بیافتد که بتواند به راحتی با آن اجرا کند.

---

[۴۱] نام آوا یا Onomatopoeia که به فرایندی گفته می‌شود که واژه‌هایی از صداهای موجود در طبیعت ساخته می‌شوند.

آقای آرلکینو

بین اواخر سال ۱۵۸۵ و اوایل ۱۵۸۶ تشدید تنش‌های مذهبی بین کاتولیک‌ها و پروتستان‌ها، همراه با قحطی شدید در حومه فرانسه، بازیگران ایتالیایی را مجبور به ترک پاریس کرد. در سال ۱۵۸۷، تریستانو، دروسیانو و آنجلیکا به مادرید رفتند. در ۱۸ نوامبر همان سال به آنها اجازه اجرای نمایش‌هایشان داده شد.

این گروه حداقل تا پایان سال ۱۵۸۸ در مادرید ماندند و به اجراهای مختلف پرداختند. در این دوره، دروسیانو به عنوان رئیس بلامنازع گروه بود اما جذابیت اصلی یا بهتر است بگوییم ستاره نمایش‌ها تریستانو بود. در اکتبر ۱۵۹۱، مارتینللی‌ها در ایتالیا و شهر میلان نمایش‌های مختلفی از آرلکینو را به صحنه آوردند. سال بعد، بین بهار و تابستان، دروسیانو، تریستانو و آنجلیکا به فلورانس و بعد به مانتوا رفتند. از حضور مارتینللی‌ها در فلورانس مدیچی‌ها هیچ سندی مبنی بر به صحنه آوردن نمایشی از آرلکینو وجود ندارد و با توجه به دیگر فعالیت‌های دروسیانو می‌توان گفت احتمالاً تئاتر تمرکز اصلی مارتینللی‌ها در دربار مدیچی‌ها نبوده است. در آن زمان است که دروسیانو خود را مخترع اسرارآمیز برای ساخت سلاح گرم معرفی می‌کند و شروع به طراحی سلاح برای خانواده مدیچی می‌کند.

اما در سال ۱۵۹۴ اتفاقی می‌افتد که در نوع خود بی‌سابقه بود که می‌توان آن را آغاز جدایی مارتینللی‌ها دانست. در این سال تریستانو برای اولین بار با گروهی همکاری می‌کند که تحت هدایت برادرش نیست بلکه دوک گنزاگا آنرا هدایت می‌کند. در میان همراهان او

تعدادی از مشهورترین بازیگران آن زمان مانند جیووانی پلسینی،[۴۲] ویتوریا پیسیمی[۴۳] و گابریله پانزانینی.[۴۴]

در دسامبر ۱۵۹۵ تریستانوگروه گنزاگا را ترک می‌کند تا به کمپانی دسیوزی[۴۵] بپیوندد که تحت هدایت دیانا پونتی[۴۶] بود. درست در این زمان است که باز هم زمزمه‌هایی برای بد نام کرد تریستانو می‌پیچد ولی این بار در ایتالیا و در میان هم زبانانش. هم‌صنفان او از تریستانو به عنوان یک کمدین غیرقابل‌اعتماد و بی‌تعهد به گروهش اسم می‌برند ولی با این حال، همین نگرش به تریستانو انرژی مضاعفی می‌دهد تا با رقیبان تا به دندان مسلحی رقابت کند که هر کدام به پشتوانه سیاسیون یا تجار به اجرا می‌پرداختند و به درجه‌ای از آزادی، ابتکار و خلاقیت در حرکات و گفتارش برسد که در میان هم‌صنفان زمان او نادر بود.

تا سال ۱۵۹۹ با گروه دیانا پونتی مشغول به صحنه بردن نمایش‌های مختلفی شد. در همین سال بود که بنا به درخواست و دعوت مستقیم دوک مانتوا به سرزمین مادری خودش مانتوا برگشت و دوباره با گروه (آچزی)[۴۷] به همراه برادرش به هنرنمایی پرداخت. از این نقطه به بعد، تریستانو به عنوان رییس و نقطه کانونی تجارت خانوادگی تبدیل شد.

---

[42] Giovanni Pellesini (Pedrolino)(1526-1616) لحجه توسکانی او زبانزد بود.

[۴۳] Vittoria Piissimi (.... -1595) بازیگر نقش زن اول یا عاشق، که صدای بسیار خوبی داشت و موزیسین بسیار قابلی بود.

[44] Gabriele Panzanini یا Gabrielle da Bologna (1540 –1605).

[45] Compagnia dei Desiosi.

[46] Diana Ponti.

[47] Compagnia degli Accesi.

با این حال، در سال ۱۵۹۹ بود که تریستانو واقعاً در سرزمین مادری خود موفق شد. در ۲۹ آوریل، آرلکینو توسط وینچنزو اول[۴۸] به عنوان سرپرست کمدین‌های مناطق تحت فرمانروایی خانواده گونزاگا منصوب شد. این موقعیت توسط فرانچسکو چهارم[۴۹] و فردیناندو اول مجدداً تأیید شد و او باز هم به کارش ادامه داد.

این فرمان قبل از هر چیز تخصص و برتری تریستانو را در این زمینه تأیید می‌کند، زیرا او دانش دقیقی در مورد همه بازیگران، فالگیرها، شارلاتان‌ها، اجراگران خیابانی، موزیسین‌ها داشت. این شناخت، علاوه بر مزایای غیرقابل‌انکار اقتصادی (مانند دریافت مالیات برای هر اجرا در قلمرو گنزاگا و دریافت دستمزد ثابت حتی در دوره‌های عدم فعالیت بازیگران)، نشان‌دهنده شهرت آرلکینو بود، که اکنون به سطحی رسیده بود که می‌توانیم بگوییم از مشهورترین کمدین‌های آن زمان فراتر رفته بود.

چند سال بعد در پاریس، زمانی که دیگر جنگ‌های خونین مذهبی به پایان خود رسیده است ماریا د مدیچی با هنری چهارم (پادشاه فرانسه) ازدواج می‌کند. در این میان هنری چهارم به بهانه صلح و دوستی از تریستانو دعوت می‌کند که به پاریس برود و در آنجا به اجرا بپردازد. در آن زمان کمپانی آچزی بازیگران بسیار مهمی را در اختیار داشت که هر کدام به نوبه خود وزنه بزرگ و موثری بودند. سیلویو

---

[48] Vincenzo I Gonzaga (1562 — 9 February 1612).

[49] Francesco IV Gonzaga (1586 —1612).

فیوریللو،[۵۰] پیر ماریا چکینی،[۵۱] فلامینیا اسکالا[۵۲] و... جزو بازیگرانی بودند که در آن زمان به همراه تریستانو و دورسیانو در کمپانی آچزی فعالیت می‌کردند. عروسی سلطنتی فرانسه بین هنری چهارم و ماریا د مدیچی در ۱۷ دسامبر ۱۶۰۰ در لیون برگزار می‌شود. تریستانو تا بهار سال بعدش در فرانسه می‌ماند و به اجرا می‌پردازد. اما دلتنگ خاکش است و مشتاق بازگشت.

اما اتفاق مهم دیگری که در همین سال می‌افتد کتابی است با عنوان *شوخی‌های دن آرلکینو*[۵۳] که تریستانو در لیون چاپ می‌کند. در این کتاب تصاویری از حرکات و اجراهای آرلکینو دیده می‌شود که توضیحاتی به همراه دارد. ولی نکته بسیار جالب در مورد این کتاب بودن ۷۰ صفحه خالی است که آراکینو به عمد آن را در کتاب گنجانده و تقدیم ماریا د مدیچی کرده است. زبان این کتاب نیز مانند گویش آرلکینو تریستانو تلفیقی از چند زبان لاتین، فرانسوی، ایتالیایی و... است.

---

[۵۰] Silvio Fiorillo به خاطر نوآوری‌هایی که در شخصیت کاپیتان ماتاموروس داشت مطرح شد. بعدها نقش پولچینلا را هم بازی کرد.

[۵۱] Pier Maria Cecchini (۱۶۴۵-۱۵۶۳) یک بازیگر و رییس بازیگران کمدیا دلارته .

[۵۲] Flaminio Scala (۱۶۲۴-۱۵۵۲) بازیگر و مدیر کمپانی کمدیا دلارته که برای مدتی رئیس بازیگران خاندان دمدیچی در شهر فلورانس بود.

[53] Compositions de Rhetorique.

آقای آرلکینو

تصویر شماره ۵ صفحه از کتاب شوخی‌های دن آرلکینو اثر تریستانو مارتینللی. لیون ۱۶۰۱

در چند سال بعد تریستانو ترجیح می‌دهد در زادگاهش بماند و تمام اجراهایش را همانجا به صحنه ببرد. طی این چند سال که احتمالاً به عمد و خواسته خود کم‌کار بوده است بیشتر به مطالعه تاریخ و ادبیات پرداخته و وقتش را کنار خانواده‌اش سپری کرده است. فقط یک بار،

بین سال‌های ۱۶۰۲ و ۱۶۰۸، آرلکینو را دور از مانتوا می‌یابیم آن هم بین پایان سپتامبر ۱۶۰۵ و مارس ۱۶۰۶، او به دلیل مسائل سیاسی (جشن عروسی فرانچسکو گونزاگا و مارگریتای ساووی) مجبور به اجرای برنامه در شهر تورینو می‌شود. چکینی و چند بازیگر دیگر در این اجراها کنار او هستند.

در سال ۱۶۰۹، یک سال پس از مرگ همسر اولش کاساندرا گوانتاری،[54] تریستانو با پائولا آوانزی[55] بیست ساله ازدواج می‌کند. سال بعد، او به همراه گروهش، از ژوئن تا ژوئیه در شهر به اجرای نمایش آرلکینو می‌پردازد. قبل از اینکه او برای تولد و غسل تعمید اولین پسرش فرانچسکو به مانتوا بازگردد، توسط فرانچسکو گونزاگا و مارگریتا دی ساووا تعمید داده شده است.

اما در ژوئن ۱۶۱۱ با دعوت رسمی و مستقیم ماریا د مدیچی، بیوه هنری چهارم، تریستانو و گروهش به فرانسه سفر می‌کنند تا در جشن ازدواج دوگانه فرانسوی-اسپانیایی، لویی سیزدهم با آنا از اتریش و الیزابت فرانسوی با فیلیپ اسپانیایی، شرکت کند.

در این درخواست ذکر می‌شود که تریستانو وظیفه هماهنگی و گردآوری یک گروه از بهترین بازیگران آن زمان را دارد[56]. جدای از انتخاب و مذاکره با بازیگران، سفر تریستان و گروهش به دلیل مسائل

---

[54] Cassandra Guantari.
[55] Paola Avanzi.
[56] در همین سال‌ها است که دروسیانو که در سال‌های آخر زندگانیش با مشکلات متعدد خانوادگی دست‌وپنجه نرم می‌کرد، چشم از جهان فرو می‌بندد. از سال مرگ او اطلاعات کاملاً دقیقی در دست نیست.

دیپلماتیک و مرگ دوک گونزاگا در ۱۲ فوریه ۱۶۱۲ به تعویق می‌افتد و جشن‌ها بدون کمدین‌های ایتالیایی برگزار می‌شود.

در تابستان ۱۶۱۳ گروه تریستانو به فرانسه دعوت می‌شود. در این سفر جیرولامو گاراوینی،[۵۷] جووانی پلزینی و بازیگران دیگری نیز تریستانو را همراهی می‌کنند. به احتمال زیاد، فرانچسکو آندرینی، کارگردان و مشاور ویرجینیا و جیوان باتیستا نیز به این گروه می‌پیوندد و این خود نقطه قوت دیگر برای گروه تریستانو است.

پس از توقفی در تورینو و شامبری،[۵۸] کمدین‌ها در پایان ماه اوت به پاریس می‌رسند. این گروه در ۱۰ سپتامبر در پایتخت شروع به کار می‌کند و در سالن کوچک موزه لوور برای گروهی منتخب از درباریان به اجرا می‌پردازند. کیفیت اجراها به حدی بالاست که مورد توجه بسیاری از هم صنفانش در پاریس قرار می‌گیرد.

در ۱۶ سپتامبر، ایتالیایی‌ها به فونتنبلو[۵۹] می‌روند، جایی که تا ۲۱ نوامبر در آنجا باقی می‌مانند و درتئاتر هتل د بورگون حدود ۳۹ اجرا را به صحنه می‌برند. از بیست و چهارم نوامبر تا آخر زمستان قرار داد جدیدی را با تئاتر د بورگون می‌بندند و به اجر می‌پردازند. با اینکه این بار استقبال مردم مثل دوره اول، خوب نیست و تریستانو و فرانچسکو آندرینی رضایت کامل از تور فرانسه را دارند.

---

[۵۷] Girolamo Garavini بازیگر کمدیا دل آرته، متولد فرارا در نیمه دوم قرن شانزدهم، در ۲ اکتبر ۱۶۲۴ در پاریس درگذشت. نقش کاپیتان را بازی میکرد. از او به عنوان انسان بسیار پاک و با ایمان یاد می‌شود.

[58] Chambéry.

[59] Fontainebleau.

دومان ریاضی

تریستانو، که مدت‌ها از حمایت مالی خانواده‌های سلطنتی برخوردار بود، ثروت خوبی را جمع می‌کند و همین امر باعث می‌شود تا او دغدغه مالی برا اجرای نمایش نداشته باشد. او در ۸ آوریل ۱۶۱۴ قرارداد جدیدی را با هتل د بورگون امضا می‌کند اما این بار در راه بازگشت، مارتینلی گروه را ترک می‌کند و گروه او بدون حضور تریستانو به کارش ادامه می‌دهد.

تصویر شماره ۶. صحنه تئاتر هتل د بورگون.۱۶۱۳. از موزه هنر متروپولیتن. نیویورک.

۱۹۷

تا سال ۱۶۱۸ تریستانو هیچ اجرایی نمی‌کند و دوباره بیشتر وقتش را برای خانواه و مطالعه تاریخ و ادبیات صرف می‌کند. اما در سال ۱۶۱۸ در شهر پارما ومیلان و ورونا با گروه آندره اینی به اجرا می‌پردازد.

در همان سال لویی سیزدهم از طریق دن جواننی دمدیچی[۶۰] در صدد بر می‌آید تا یک گروه از بهترین کمدین‌های دلارته را گرد هم آورد. دن جواننی در آن سال فلامینیو اسکالا را که سرپرستی کمدین‌های خانواده دمدیچی را بر عهده داشت از این کار برکنار می‌کند و دوباره گروه عازم به فرانسه با کمدین‌های گروه تریستانو تکمیل می‌شود. آماده سازی گروه بیش از یک سال طول می‌کشد و کمدین‌ها در اکتبر ۱۶۲۰ به سمت پاریس حرکت می‌کنند. در این سفر بازیگرانی چون خانواده آندره اینی‌ها،[۶۱] تریستانو را همراهی می‌کنند. اجرای نمایش‌های گروه تریستانو بسیار با موفقیت است تا جایی که پروتستان‌های فرانسوی دست به شورش می‌زنند و لویی سیزده مجبور به لشکرکشی برای مقابله با آن‌ها می‌شود. در این میان کار برای گروه‌های نمایشی بسیار سخت می‌شود و آنها در پایان ماه ژوئن به خانه باز می‌گردند.

حضور تریستانو در آخرین سال‌های زندگی‌اش روی صحنه بسیار کم است و به احتمال زیاد محدود به اجراهای مجلسی است. در سال

[60] Don Giovanni de' Medici (1567–1621).

[۶۱] فرانچسکوی آندره اینی بزرگ به همراه همسرش ایزابلا و فرزنشان جوان باتیستا، هر سه با هم تریستانو را در این سفر همراهی می‌کنند. برای اطلاعات بیشتر در مورد فرانچسکو آندره اینی نگاه شود به کتاب کمدیا دلارته از سیرو فررونه ترجمه دومان ریاضی انتشارات نیماژ.

۱۶۲۷ ، او یک تور نمایشی دیگر را به دربار وین را آغاز می‌کند، اما به دلیل بیماری شدیدی که در پاییز به آن مبتلا می‌شود، این سفر لغو می‌شود.

سه سال بعد زمانی که تریستانو هفتاد و سه سال دارد دچار بیماری شدید دیگری می‌شود و در ۱ مارس در خانه‌اش در شهر مانتوا[62] در محله کنترادا دل ماستین[63]و، چشم از جهان فرو می‌بندد و اینگونه است که جهان نمایش یکی از بزرگ‌ترین نوابغ تئاتر خود را از دست می‌دهد.

نتیجه:

اما داستان آقای آرلکینو به اینجا ختم نشد و بعد از مرگ او رنگ غمگین‌تری به خود گرفت. خاکی که یک زمان آرلکینو و دیگر بازیگران کمدیا دلارته به رویش قدم می‌زدند به زیر پای سربازان و یاغیان افتاد. زنان و مردان دیگر به فکر نمایش نبودند و تنها دغدغه آنها حفظ جانشان بود. همه میراث آرلکینو یا تخریب شد یا به دست سربازان افتاد ولی آنچه نام او را بعد از قرن‌ها در تاریخ تئاتر ماندگار کرد سنت بازیگری بود که نسل به نسل و سینه به سینه نقل شد و به دست امروزیان رسید. بادقت و پژوهش در زندگی و آثار کمدینهایی

---

[62] Mantova.

[63] Contrada del Mastino.

مانند توتو[٦٤]، چاپلین، استن لورل، نورمن ویزدوم و حتی ککو زالونه[٦٥] و بسیاری دیگر، میتوان به تاثیر سنت بازیگری که با آمدن کمدیا دلارته آغاز و با نابغه ای مثل تریستانو مارتینللی ساخته و پرداخته شد، رسید. تاثیری که به جرات میتوان گفت بعد از قرن شانزده به تمامی اروپا و جهان سرایت کرد و به قرن حاضر رسید.

---

[٦٤] Antonio Griffo(1898 –1967) کمدین بی نظیر ایتالیایی که سالها از او به عنوان سمبل کمدی ایتالیایی نام برده می‌شود.

[٦٥] کمدین و موزیسن قهار ایتالیایی؛ زاده‌ی ۱۹۷۷.

دومان ریاضی

کتابشناسی

Ferrone Siro, *La commedia dell' arte*, Einaudi Torino 2014.
Ferrone Siro, *Attori mercanti corsari*, Einaudi, Torino 2011.
Ferrone Siro, Arlecchino Vita e avventure di Tristano Martinelli attore, Laterza, Roma 2006.
Pierre Louis Duchartre, *The Italian Comedy*, Dover Publication, New York 1996.

جاکومو اورلیو. *کمدیا دلارته*. مترجم: ناتالی چوبینه. انتشارات قطره. تهران.
ویل و آوریل دورانت، *تاریخ تمدن ویل دورانت*، انتشارات علمی فرهنگی، ابوطالب صارمی، تهران ۱۳۸۵. جلد پنجم ششم و هفتم.

دومان ریاضی

پشت نقاب‌های خندان

(پژوهشی درباره نقش زنان در تاریخ کمدیا دلارته)

چکیده

زمانی که از کمدیا دلارته سخن می‌گوییم، به یاد شخصیت‌هایی می‌افتیم که در زیر ماسک‌های رنگارنگ و خندان، نقش‌های خنده‌آور و شاد را ایفا می‌کردند؛ شخصیت‌هایی همچون آرلکینو، پانتالونه و کاپیتانو که در دل نمایش‌های پربیننده، مردم را به خنده وادار می‌کردند. اما در این میان، زنان کمدیا دلارته با حضور خود، علاوه بر خلق لحظات کمیک، داستان‌های دیگری را نیز روایت می‌کردند؛ داستان‌هایی پر از پیچیدگی، اشک و رنج که کمتر دیده شده‌اند.

در ابتدا، حضور زنان در تئاترهای عمومی بسیار محدود بود و غالباً به‌عنوان بازیگران فرعی یا نقش‌های جنبی در کنار مردان ایفای نقش می‌کردند. با این حال، این زنان در دل همان خنده‌ها، گاهی اشک‌های پنهانی داشتند که در پرده‌ای از کمدی، نادیده گرفته می‌شد. آن‌ها نه‌تنها در نقش‌های مختلف کمدیا دلارته که گاهی به‌عنوان معشوقه، گاهی خدمتکار و گاهی مادر، در مقابل چشم تماشاچیان می‌ایستادند، بلکه در پس هر شوخی و حرکت فیزیکی، داستان‌های عمیق‌تری از سرکوب، تحقیر و مقاومت را روایت می‌کردند.

از دوران رنسانس و پس از آن، که زنان کم‌کم وارد دنیای نمایش شدند، تا به امروز که حضور آن‌ها در صحنه‌های مختلف تئاتر به‌طور

فزاینده‌ای دیده می‌شود، کمدیا دلارته نه تنها به‌عنوان یک ژانر بینظیر شناخته می‌شود، بلکه به یکی از بسترهای بررسی هویت زنان در دنیای تئاتر تبدیل شده است. این مقاله به بررسی این نقش‌های زنانه می‌پردازد؛ از تاثیرات آن‌ها در قالب‌های کمدی تا چالش‌ها و محدودیت‌هایی که همواره در زیر سطح خنده‌ها، در سایه اشک‌ها پنهان می‌مانده است.

کلمات کلیدی: کمدیا دلارته، زنان، ایتالیا، رنسانس، ایزابلا آندره اینی.

مقدمه:

کانتارینا- ایناموراتا- کولومبینا- ایزابلا و...

نامها وارث رویاها هستند. رویاهایی که یک روز تحت عناوین مختلف ارزش و ارج را دوباره به صحنه نمایش برگرداند. زمانی با شیطنتهای شیرین زنانه و زمانی دیگر با لطافت و مهر، گاهی با اشکهای دروغین و گاهی با قلبی آکنده از عشق، صحنه‌هایی ماندگار دردل تاریخ نمایش جهان ثبت شد.

ذکر دوباره این نامها ما را به سفری در تاریخ میبرد، سفری که یاد آور ایتالیا ی پر زرق و برق روزهای گذشته است، ایتالیا زمان کازانووای ماجراجو یا کارلو گوتزی و دنیای سحر آمیزش. این نام‌ها

تاریخ، شکوه و عظمت فرهنگی را به یاد می‌آورند که گوشه گوشه اش پراز داستانهای ترش و شیرین است. داستانهایی که در آن جذابیت و زیبایی زنان کمدی ایتالیایی به تصویر کشیده شد و برای همیشه حفظ گردید. خاطرات شیرین آن‌ها ما را به گذشته‌های دور می‌برد، به ویلاهایی در توسکانی سر سبز یا ونیز پر رمز و راز، دورتر... به شادی‌ها و مجالس مجللی که برخی آن‌ها را در آن زمان به عنوان سقوط رومی می‌پندارند.

اما بی‌فکری مطلق است اگر به این زنان فقط صفت شهوت‌انگیز بدهیم و غافل از آن باشیم که همین زنان با لحظه لحظه درخششان در صحنه به شکلی نفیس تزکیه شدند و تزکیه کردند. زنانی که در هر عصری با سلیقه‌های شخصی و ظالمانه بارها و بارها از تئاتر دور شدند ولی با هر نمی ریشه دواندند و به جایی رسیدند که حضور آنها در صحنه نمایش باعث ارجمندی تئاتر شد.

پدرسالاری- مادر- همسر

در اواخر قرون وسطی، وضعیت اجتماعی زنان در اروپا، به‌ویژه در ایتالیا و فرانسه، تحت تأثیر عوامل فرهنگی، دینی و سیاسی مختلف قرار داشت. در این دوران که شاهد رشد و شکوفایی رنسانس در اروپا بودیم، زنان در شرایطی متفاوت از مردان قرار داشتند و اغلب در نقش‌هایی سنتی محدود می‌شدند، هرچند برخی فرصت‌های خاصی برای مشارکت در عرصه‌های اجتماعی و فرهنگی نیز پیدا می‌کردند.

زنان در ایتالیا به طور کلی در چارچوب خانواده‌های پدرسالارانه قرار داشتند. این شرایط به‌ویژه در شهرهایی مانند فلورانس، ونیز و رم بیشتر مشاهده می‌شد. اگرچه طبقات بالای اجتماعی فرصت‌هایی برای فعالیت‌های فرهنگی پیدا می‌کردند، اما بیشتر زنان در خانواده‌ها و به عنوان مادر و همسر ایفای نقش می‌کردند.

رنسانسی که با خود شکوفایی هنر و علم را همراه آورده بود بود، برای زنان به طور عمومی نتوانست این محرومیت‌ها را به کل از میان ببرد. تنها تعداد اندکی از آنان توانستند در این عرصه‌ها به فعالیت بپردازند. با این حال، بیشتر زنان، به‌ویژه از طبقات پایین‌تر، به وظایف خانه‌داری و تربیت فرزندان مشغول بودند. برعکس هنوز نقش کلیسا در زندگی زنان در این دوران بسیار برجسته بود. آنها غالباً از آموزش‌های رسمی دور بودند و بیشتر تحصیلاتشان در زمینه‌های دینی و خانگی بود. بسیاری از زنان در صومعه‌ها زندگی می‌کردند و نقش‌هایی مذهبی ایفا می‌کردند. ازدواج‌ها در ایتالیا نیز بیشتر به‌طور قراردادی و از روی ملاحظات اقتصادی یا سیاسی انجام می‌شد.

در همین زمان در فرانسه نیز، زنان تحت تأثیر ساختارهای اجتماعی مشابهی بودند، اما برخی از تحولات سیاسی و اجتماعی، فرصت‌های بیشتری برای مشارکت آن‌ها ایجاد کرد. زنان طبقات بالای اجتماعی، به‌ویژه همسران پادشاهان و نجبا، در سیاست و امور دولتی تأثیرگذار بودند. کاترینا د مدیچی،[1] همسر هنری دوم، یکی از شخصیت‌های مهم این دوران بود که در سیاست‌های داخلی فرانسه نقش مهمی ایفا

---

[1] Caterina de' Medici (1519 —1589).

می‌کرد. او به‌عنوان یک سیاستمدار ماهر، در دوران‌های مختلف، در قدرت و تصمیم‌گیری‌های دولتی تأثیرگذار بود.

علاوه بر سیاست، برخی زنان در عرصه‌های فرهنگی و هنری نیز حضور داشتند. هرچند اکثریت زنان از تحصیلات رسمی محروم بودند، ولی برخی از خانواده‌های نجبا برای دخترانشان فرصت‌هایی برای تحصیل فراهم می‌کردند و آن‌ها به حضور در مجالس فرهنگی و هنری می‌پرداختند. این امر به‌ویژه در خانواده‌های سلطنتی و در دربار فرانسه مشاهده می‌شد. مذهب نیز در فرانسه به مانند ایتالیا همچنان در زندگی زنان نقش مهمی داشت. بسیاری از زنان در صومعه‌ها زندگی می‌کردند و نقش‌های مذهبی ایفا می‌کردند. در دوران جنگ‌های مذهبی میان کاتولیک‌ها و پروتستان‌ها، زنان نیز در حمایت از خانواده‌ها و یا حتی در پشتیبانی از یک مذهب خاص درگیر بودند.[2]

در میان گرگ و میش دین و سیاست، هنر و فرهنگ راه خود را در مینوردید و به‌شدت رشد میکرد. اروپا که هنوز درگیر بایدها و نبایدهای کلیسا و سلیقه‌های شخصی سیاسیون بود، فضای بسیار بسته ای برای ورود زنان به صحنه‌های نمایشی را تجربه میکرد.در دورانی که تئاتر به‌عنوان یک هنر عمومی محبوب، به ویژه در ایتالیا، فرانسه و انگلستان به شمار میرفت زنان به‌طور عمومی در تئاترهای حرفه‌ای حضور نداشتند. در بسیاری از کشورهای اروپایی، حتی در برخی از

---

[2] نگاه شود به کتابهای *The Routledge History of Women in Early Modern Europe*.

Edited By Amanda L. Capern و Women in Early Modern Europe, 1500-1700 by Cissie Fairchilds.

تئاترها، حضور زنان در صحنه ممنوع بود. به‌عنوان مثال، در انگلستان، در طول سلطنت الیزابت اول [3](۱۵۵۸-۱۶۰۳)، زنان از بازیگری در تئاترهای عمومی به‌طور کامل محروم بودند و نقش‌های زنان همیشه توسط مردان ایفا می‌شد.

رقص در قرن‌های ۱۵ و ۱۶ در اروپا به‌ویژه در دربارهای سلطنتی محبوب بود. زنان در این دوران در رقص‌های درباری و مراسم اجتماعی شرکت می‌کردند، اما این رقص‌ها اغلب دارای ساختارهای خاص و محدودیت‌هایی بودند که به‌طور عمده بر اساس طبقه اجتماعی و جنسیت افراد طراحی شده بودند.

رقص‌های درباری مانند گالیارد[4] و پاسودوبل [5] که رقص‌هایی همراه با حرکت‌های پرانرژی و پیچیده بودند، توسط زنان و مردان در دربارهای اروپایی اجرا می‌شدند. اما برای زنان، رقص در این دوره معمولاً محدود به فضاهای اجتماعی خاصی بود و در این فضاها، از زنان انتظار می‌رفت که رقص‌هایی متناسب با موقعیت اجتماعی خود اجرا کنند. در بسیاری از موارد، رقص‌ها به‌عنوان بخشی از پروتکل‌های اجتماعی و تقویت روابط سیاسی و خانوادگی در دربارها دیده می‌شد.

فضای موسیقی هم از این قاعده مستثنی نبود و در آن زنان به‌طور عمده به عنوان خوانندگان و نوازندگان در صومعه‌ها و مراسم درباری

---

[3] Elizabeth I (1533 –1603).

[4] Galliard رقصی سه ضربی که در دربار اسپنا و ایتالیا انجام می‌شد و خاستگاهش استان لومباردی ایتالیا بود.

[5] Pasodoble رقصی با منشا احتمالا فرانسوی که بیشتر در دربار اروپاییان اجرا می‌شد.

حضور داشتند. بسیاری از زنان در صومعه‌ها به خواندن سرودهای مذهبی و انجام فعالیت‌های موسیقایی مشغول بودند. در برخی از دربارها، مانند دربارهای ایتالیا و فرانسه، زنان در عرصه موسیقی نیز جایگاهی داشتند و در نواختن سازهایی مانند چلستا،[۶] کلارینت، و هارپسیکورد[۷] فعال بودند. همچنین، زنان در این دوران در حوزه آوازهای مذهبی، ارکسترهای درباری و گاهی در کنسرت‌های خصوصی حضور داشتند. با این حال، آن‌ها به‌طور کلی از عرصه موسیقی عمومی و حرفه‌ای مانند اپرا و کنسرت‌های بزرگ خارج از دربار محدود بودند.[۸]

اما با شکل گیری کمدیا دلارته سدها ومرزهایی که باعث دوری زنان از صحنه‌های عمومی تئاتر شده بود کم کم شروع به فرو پاشی کرد. با ورود زنان به صحنه‌ی تئاتر ایتالیایی یکی از بزرگ‌ترین جنبشها در تئاتر اروپا به وقوع پیوست و تبدیل به یکی از عوامل تعیین‌کننده در شکل‌گیری تئاتر حرفه‌ای شد.[۹] در عین حال، ورود زنان به

---

[6] Celesta.

[7] Harpsichord.

[۸] نگاه شود به کتاب‌های:
Early Modern Women and Transnational Communities of Letters by Julie D. Campbell و Religion and Culture in the Renaissance and Reformation by Steven E. Ozment.

[۹] این مسأله به‌ویژه به ورود عمومی زنان به دنیای هنرهای نمایشی اشاره دارد و نه به حضور برخی شخصیت‌های زن که به‌صورت منفرد در محافل سرگرمی‌های خصوصی در ایتالیا و در دربارهای رومی قرن پانزده وشانزده به‌عنوان شاعر، موسیقیدان یا خواننده دیده می‌شدند. در این محیط‌ها، زنان گهگاه میان آواز، گفتگو و کارهای عاشقانه تردد می‌کردند. اما آنچه در اینجا مدنظر است، ورود زنان به تئاتر

«کمپانی‌های برادری»^۱۰ تئاتر، نقطه عطفی در تاریخ فرهنگ و آداب اجتماعی بود. زنان بازیگر به شخصیتی مدنی و هنری دست پیدا کردند که پیش از آن ناشناخته بود و به عنوان یک اجراگر به حساب می‌آمدند که جامعه باید به حرفه و هنر آنها احترام می‌گذاشت. به عبارت دیگر، آن‌ها تبدیل به زنانی شدند که شایستگی احترام در دنیای مشغله و هنر را داشتند.

فردیناندو تاویانی در تایید نقش اساسی زنان در کمدیا دلارته می‌گوید:

«چهره زنانه کمدیا دلارته، که امروز بیشتر فراموش شده است، به احتمال زیاد عامل تعیین‌کننده‌ای در این فرایند بود......»^۱۱

روبرتو تسساری دیگر پژوهشگر نامی کمدیا دلارته می‌گوید:^۱۲

حرفه‌ای است؛ یک پدیده که تاریخ دقیق آن هنوز به‌طور قطعی مشخص نیست. آنچه مسلم است این است که با حضور بازیگران زن در گروه‌های تئاتری که در کنار شخصیت‌های کمدی مردانه همچون زانی و مانیفیکو ظاهر می‌شدند، این تئاتر جذابیت و عمق تازه‌ای پیدا کرد.

۱۰ Fraternal Comagnia: نام و الهام خود را از قدیمی ترین شرکت ایتالیایی گرفته است که سند عمومی آن پیدا شده است. سند یافت شده به طور نمادین شروع تئاتر حرفه ای، یعنی کمدیا دل آرته را نشان می‌دهد.

11 Ferdinando Taviani, *Il segreto della Commedia dell arte*. La casa Usher, Firenze 1982, 337-345.

12 Roberto Tessari, *Il mercato delle maschere in storia del teatro moderno*, Einaudi, Torino 2000, pp 131-135.

«اما این زنان - که در آواز، رقص، شعر و همچنین در هنرهای آکادمیک بداهه‌خوانی مهارت داشتند - مهم‌ترین و شریف‌ترین پدیده تئاتر ایتالیایی بودند... چرا که حضور واقعی بدن در صحنه، در عین حال که بلافاصله قابل لمس بود، هرگونه زیبایی‌شناسی مبتنی بر تفکر نمادین و هر نوع متافیزیک ظاهری را پشت سر می‌گذاشت».

ورود زنان به صحنه

در نخستین دوره‌های شکل گیری کمدیا دلارته در ایتالیا بازیگران زن اغلب در قالب شخصیتهایی ظاهر میشدند که نقش آنان بیشتر به عنوان عناصر لذت بخش تعریف میشد. این شخصیتهاکه گاهی با عنوان اینناموراتا یا همان معشوقه شناخته میشدند معمولا با ویژگی‌هایی همچون جذابیت جسمانی، بیان احساسی اغراق‌آمیز و نوعی آزادی رفتاری همراه بودند که هدف اصلی‌شان تأمین لذت بصری و حسی برای مخاطب بود.[۱۳]

با گذر زمان و گسترش گونه‌های نمایشی مبتنی بر بداهه‌پردازی، این الگوهای شخصیتی نه‌تنها تثبیت شدند، بلکه به عناصر اصلی جذب تماشاگر تبدیل گشتند. در بسیاری از موارد، گروه‌های نیمه‌حرفه‌ای و آماتور که در حاشیه جریان رسمی تئاتر فعالیت می‌کردند، با بهره‌گیری از این نوع نقش‌آفرینی، نمایش‌هایی را به صحنه می‌بردند که جنبه‌های

[13] Henke, R. (2002). Performance and Literature in the Commedia dell’Arte. Cambridge University Press.

اروتیک آشکاری داشتند. برخی از این گروه‌ها پا را فراتر نهاده و صحنه‌های تحریک‌آمیز را به بخش محوری آثار خود تبدیل کرده بودند، به‌گونه‌ای که بخشی از مخاطبان صرفاً برای تماشای این بخش‌ها به اجرای نمایش می‌آمدند.[14]

در برخی اجراها، واکنش و تعامل تماشاگران با بازیگر زن به‌گونه‌ای بود که حتی ممکن بود در میانه اجرا، بنا به درخواست یا پرداخت‌های نقدی مخاطبان، بازیگر بخشی از پوشش خود را کنار بگذارد. این تعامل مستقیم با تماشاگران، نوعی کنش متقابل تئاتری ایجاد می‌کرد که مرز میان اجرا، بدنِ بازیگر و کالای نمایشی را تا حد زیادی کمرنگ می‌ساخت. چنین موقعیت‌هایی نه‌تنها کارکرد سنتی تئاتر را زیر سؤال می‌بردند، بلکه نقطه‌ای آغازین برای بحث‌های بعدی در باب جنسیت، بدن و نمایش در مطالعات تئاتری و مطالعات جنسیت محسوب می‌شوند.[15]

اما همان‌طور که تئاتر در طول قرن هفدهم و هجدهم گسترش یافت و پیچیده‌تر شد، نقدهای اخلاقی و فشارهای اجتماعی باعث تغییر این تصویر شدند. بسیاری از این بازیگران که به طور سنتی در نقش‌های جنسی و شهوانی ظاهر می‌شدند، در اثر تغییرات درام و ظهور سبک‌های جدید تئاتری مجبور به بازتعریف نقش خود شدند. در حالی که برخی از بازیگران زن به این روند پاسخ دادند و در نقش‌هایی

---

[14] Andrews, R. (1993). *Scripts and Scenarios: The Performance of Comedy in Renaissance Italy*. Cambridge University Press.
[15] Fischer-Lichte, E. (2008). *The Transformative Power of Performance: A New Aesthetics*, Routledge.

چون «معشوقه»[16] یا شخصیت‌های عاشقانه بیشتر ظاهر شدند، برخی دیگر در صدد اصلاح تصویر خود برآمدند و به دنبال معرفی چهره‌ای متفاوت از خود بودند که کمتر با جذابیت جنسی مرتبط باشد. با این حال، اگرچه این تغییرات در رویکردهای هنری و فرهنگی رخ داد، اما همچنان این بازیگران در تئاتر و اپرا به عنوان نمادهایی از جذابیت و لذت به شمار می‌رفتند.[17]

از طرفی دیگر اروپا که هنوز زیر سیطره هزار ساله کلیسا بود، نمی‌توانست به راحتی پذیرای حضور زنان در صحنه‌های عمومی تئاتر شود؛ چه برسد به اجرای صحنه‌های اروتیک در نمایش‌ها. کلیسا اغلب بازیگران زن را به بی‌اخلاقی، فریبندگی و فساد متهم می‌کرد. زنان بازیگر، مخصوصاً آن‌هایی که نقش‌های عاشقانه یا اغواگرانه بازی می‌کردند، اغلب با روسپیان یا زنانی با اخلاق سست یکی دانسته می‌شدند. نمایش‌هایی که صحنه‌های اروتیک داشتند یا شامل شوخی‌های جنسی (که در کمدیا دلارته ابتدایی رایج بود) بودند، از نظر کلیسا نماد فساد و بی‌شرمی به حساب می‌آمدند. کلیسا تئاتر را مکانی برای ترویج شهوت، تمسخر مقدسات، و انحراف اخلاقی می‌دانست. حتی در برخی مناطق، کلیسا تلاش می‌کرد جلوی اجرای نمایش‌های خاص را بگیرد یا سانسور شدیدی بر محتوای آن‌ها اعمال کند. در مواردی نیز بازیگران زن ممنوع‌الاجرا می‌شدند، مخصوصاً در شهرهایی که تحت سلطه قدرت‌های مذهبی بودند. بازیگران، به‌ویژه زنان، در معرض خطر محروم شدن از آیین‌های کلیسایی، ممنوعیت

---

[16] Innamorata.

[17] Ferrone Siro, *la commedia dell' arte*, Einaudi, Torino 2014, PP 41-50.

دفن در گورستان مقدس یا حتی محاکمه توسط دادگاه‌های تفتیش عقاید قرار داشتند.[18]

در این میان، شرایط برای بازیگران زن متعهد که در تلاش بودند حضوری حرفه‌ای و شرافتمندانه بر صحنه نمایش داشته باشند، به‌مراتب دشوارتر بود. آنان در تنگنای سخت‌گیری‌های کلیسا از یک سو و بدنامی ناشی از حضور برخی از زنان اجراگر با رویکردی غیراخلاقی از سوی دیگر، می‌بایست راهی می‌یافتند که نه از صحنه محروم بمانند و نه در نگاه جامعه منفور جلوه کنند. از سوی دیگر، کمبود بازیگران زن بر صحنه‌های تئاتر به‌شدت محسوس بود؛ غیبت شخصیت‌های زن در نمایش‌نامه‌ها، هم به روایت داستان لطمه می‌زد و هم تأثیر منفی بر استقبال مخاطبان و فروش گیشه داشت.

کمپانی‌های نمایشی که به‌خوبی به این خلأ واقف بودند و در عین حال با فشارهای سانسور کلیسا مواجه بودند، بار دیگر به سنت قدیمی استفاده از "زن‌پوش" روی آوردند. جوانان و نوجوانان خوش‌چهره، با پوشیدن لباس زنانه و بهره‌گیری از گریم، جایگزین نقش‌های زنانه شدند.

هرچند این راهکار تا حدی در صحنه‌های کمیک پاسخ‌گو بود، اما در صحنه‌های جدی، باورپذیری خود را از دست می‌داد و گاه به ابتذال می‌گرایید. در برخی از نمایش‌ها، حتی صحنه‌های جدی به‌واسطه

---

[18] Gibson, R. (2009). *A History of Theatre*. Cambridge University Press. نگاه شود به قسمت تاثیرات مذهبی

اجرای زن‌پوشان، به‌گونه‌ای ناخواسته به صحنه‌های کمیک تبدیل می‌شد که این امر لطمه‌ای جدی به ساختار و پیام نمایش وارد می‌کرد. استفاده از زن‌پوش در نمایش، هرچند از دیرباز به‌عنوان یک تکنیک شناخته‌شده در صحنه‌های طنز مطرح بوده است، اما کارایی آن در تمام موقعیت‌های نمایشی زیر سؤال بود.

این امر در فرانسه و انگلستان تا اواخر قرن هفده ادامه یافت و نوازندگان و بازیگران مرد جوان و خوشرو نقش زنان را اجرا میکردند و هنوز اعتقاد به این بود که " بازیگری زنان یعنی آموزش فحشا در صحنه". و شاید بهتر است بگوییم که عدم حضور بازیگران زن در صحنه عاملی بود که تا آن موقع دلارته به خوبی در آن کشورها پیشرفت لازم را نکرد.

یا راهی خواهیم یافت یا راهی خواهیم ساخت

از یک طرف خواست تماشاگران و نیاز کمپانی‌های نمایشی و از طرفی دیگر خواست و تلاش خود زنان برای ورود به صحنه‌های اجتماعی و در صدر آنها تئاتر باعث شد تا راهی جدید برای هموار کردن ورود زنان در تئاتر به وجود بیاید. بازگشت کامل زنان به دنیای تئاتر می‌توانست تنها از طریق برجسته‌سازی ویژگی‌های مرتبط با هنر و مشاغل شناخته‌شده و معتبر انجام گیرد، مانند آنچه برای وینچنزا آرمانی[۱۹] و دیگر همتایانش اتفاق افتاد. او با تقلید از بلاغت

[19] Vincenza Armani (1530-1569).

سیسرونی و با استادی تمام به‌عنوان کسی که هنر کمدی را با فن خطابه در هم آمیخت و به سخنوری و خطابه گویی در اماکن عمومی پرداخت و این راهی بود برای شروع به اجراهای عمومی در کنار دیگر بازیگران کمدیا دلارته. با مرور زمان و وقتی مردم پذیرای خطابه‌های او شدند کم‌کم وارد گروه‌های نمایشی شد و جای خود را به عنوان یک عنصر اصلی در این نوع نمایش‌ها تحکیم بخشید. برای وینچنزا آرمانی، تفاوتی میان کمدی و تراژدی وجود نداشت. همان انرژی و اشتیاقی که در کمدی داشت، در تراژدی‌ها نیز به وضوح دیده می‌شد. او در اجرای صحنه‌های تراژیک به‌گونه‌ای عمل می‌کرد که تماشاگر کاملاً در داستان غرق می‌شد و با غم بازیگر همنوا می‌گشت. به‌گونه‌ای که کمتر تماشاگری بود که با دیدن اشک‌های او، خود اشک نمی‌ریخت.

تصویر شماره ۱ . وسنچنتزا آرمانی، اثر پیر لئونه

از طرفی دیگر ویتتوریا پیسسیمی[۲۰] بود، بازیگری که صحنه و تماشاچیان را جادو میکرد. سخنانش هر انسانی را محسور میکرد و به تماشاچی فرصت نفس کشیدن در صحنه را نمیداد. او نه تنها یک بازیگر جسور بود بلکه یک مدیر و کارگردان موفق تئاتر هم بود. او قبل از اینکه به عنوان بازیگر به صحنه برود تلاش کرد از طریق مدیریت و کارگردانی تئاتر(کمدیا دلارته) وارد این عرصه شود.همین امر باعث درخشش دیگر بازیگران زن شد.

---

[20] Vittoria Piisimi(?- 1595).

پشت نقاب‌های خندان

تصویر شماره ۲. ویتتوریا پیسسیمی

نابغه بعدی باربارا فلامینیا[21] نام داشت او علاوه بر اینکه بسیار زیبا بود، به‌قدری در این حرفه نادر و بی‌نظیر بود که بسیاری از پژوهشگران نمایش ایتالیایی معتقد بودند شاید در زمان خود کمتر کسی توان رقابت با او را داشت. حتی در بین مدرن‌ها هم شاید کسی را نمی‌شد پیدا کرد که بهتر از او در این حرفه باشد؛ چرا که حقیقتاً او در صحنه به‌گونه‌ای رفتار می‌کرد که تماشاگران احساس نمی‌کردند در حال دیدن اتفاقی نمایشی یا از پیش برنامه‌ریزی‌شده هستند، بلکه به نظر می‌رسد که در حال دیدن چیزی واقعی و به‌طور آنی اتفاق افتاده هستند، به‌گونه‌ای که حرکات، صداها و احساس صحنه را به شکلی شگفت‌انگیز تغییر می‌داد.

بی‌تردید، ایزابللا آندره‌اینی یکی از چهره‌های برجسته‌ای است که نقش بسزایی در گشودن راه ورود زنان به صحنه‌های تئاتر کمدیا دلارته ایفا کرد. فعالیت‌های او در عرصه تئاتر، به‌ویژه در زمینه حضور زنان، باعث شد تا نامش بیش از آن‌که صرفاً به‌عنوان یک بازیگر شناخته شود، به نمادی از مقاومت و پایداری در برابر محدودیت‌های زمانه بدل گردد

[21] Brabara Flaminia (1540–1586).

تصویر شماره ۳. احتمالا ایزابللا آندره اینی، Paris،Carnavalt Museum

ایزابللا آندره‌اینی یکی از تأثیرگذارترین چهره‌های تاریخ تئاتر است که نه‌تنها در کمدیا دلارته به موفقیت‌های چشمگیری دست یافت، بلکه با بهره‌گیری از استراتژی‌های ایدئولوژیک و روابط اجتماعی‌اش، تأثیر

عمیقی بر تحولات هنری و فرهنگی دوران خود گذاشت. او با ترکیب هنر بازیگری با دیگر رشته‌های هنری و به‌ویژه از طریق روابطش با اندیشمندان معاصر، جایگاهی ویژه در تئاتر کسب کرد که تأثیر آن تا سال‌ها پس از مرگش ادامه یافت.

ایزابلا به‌عنوان یکی از پیشگامان ورود زنان به عرصه تئاتر حرفه‌ای شناخته می‌شود و تأثیر قابل‌توجهی در شکل‌گیری نوعی خاص از درام داشت؛ نمایشی که در آن، زنان نه‌تنها به‌عنوان اجراگر نقش‌های فیزیکی، بلکه در قالب شخصیت‌هایی عاطفی و معنوی نیز به تصویر کشیده می‌شدند. او با بهره‌گیری از توانمندی‌های بازیگری خود و تلفیق آن با اشعار پترارکی، رقص، آواز و سایر مهارت‌های نمایشی، نقشی کلیدی در ساختار کلی نمایش‌نامه‌ها ایفا کرد. حضور ایزابلا در تئاتر آغازگر تحولی بنیادین در جایگاه زنان در این هنر بود، به‌گونه‌ای که پس از او، بازیگرانی همچون ویرجینیا رامپونی و ویرجینیا روتاری نیز سبک و ویژگی‌های بازیگری او را دنبال کردند.

ایزابلا آندره‌اینی نه‌تنها در عرصه کمدیا دلارته موفق ظاهر شد، بلکه از طریق روابط اجتماعی گسترده و تعامل با انسان‌شناسان و اندیشمندان زمان خود، توانست تصویری منحصربه‌فرد از خود و هنر بازیگری‌اش خلق کند؛ تصویری که تأثیر آن حتی پس از مرگش نیز ادامه یافت. این تصویرسازی، که به‌منزله استراتژی ایدئولوژیک و خانوادگی توسط ایزابلا و همسرش، فرانچسکو آندره‌اینی، طراحی شد و پس از درگذشت او نیز دنبال گردید، سرانجام به تثبیت شخصیتی اسطوره‌ای در نمایش‌نامه‌های تئاتر پیش از انقلاب صنعتی انجامید.

این شیوه از نمایش‌نامه‌نویسی و بازیگری، که در زمینه‌های مختلف از جمله تراژدی و کمدی به کار گرفته شد، تأثیر عمیقی در بازنمایی ویژگی‌های خاص زنان، به‌ویژه در تعامل با قدرت زنانه و فیزیک بدن، برجای گذاشت. ایزابلا آندره‌اینی در آثار خود زنانی را به تصویر می‌کشد که علاوه بر جذابیت‌های جنسی، از نظر فکری نیز در سطحی برتر قرار دارند. این زنان نه‌تنها در نمایش‌ها به‌عنوان شخصیت‌هایی جذاب و فریبنده ظاهر می‌شوند، بلکه دارای نیازها و دغدغه‌های ذهنی و اخلاقی هستند که موجب پیچیدگی و عمق بیشتر در نقش‌های آنان می‌شود.

ایزابلا آندره‌اینی نه‌تنها در عرصه کمدیا دلارته موفق ظاهر شد، بلکه از طریق روابط اجتماعی گسترده و تعامل با انسان‌شناسان و اندیشمندان زمان خود، توانست تصویری منحصربه‌فرد از خود و هنر بازیگری‌اش خلق کند؛ تصویری که تأثیر آن حتی پس از مرگش نیز ادامه یافت. این تصویرسازی، که به‌منزله استراتژی ایدئولوژیک و خانوادگی توسط ایزابلا و همسرش، فرانچسکو آندره‌اینی، طراحی شد و پس از درگذشت او نیز دنبال گردید، سرانجام به تثبیت شخصیتی اسطوره‌ای در نمایش‌نامه‌های تئاتر پیش از انقلاب صنعتی انجامید.

تلاش‌های مستمر ایزابلا و دیگر هم‌عصرانش نه‌فقط به تثبیت جایگاه زنان در تئاتر انجامید، بلکه منجر به نهادینه شدن حضور ماسکره‌های زنانه با نقش‌ها و عناوین گوناگون در تمامی اجراهای کمدیا دلارته شد. به‌مرور، اجرای نمایش بدون حضور شخصیت‌های زن در هیچ نقطه‌ای از ایتالیا قابل تصور نبود. هر گروه نمایشی که بیش از دو

بازیگر زن در ترکیب خود داشت، از استقبال بیشتر مخاطبان برخوردار می‌شد و اعتبار بالاتری در فضای فرهنگی آن دوران می‌یافت.

افزون بر این، تثبیت سبک بازیگری زنان در کمدیا دلارته به طراحی لباس‌های مخصوص برای هر یک از ماسک‌های زن نیز انجامید؛ لباس‌هایی که به هویت‌بخشی بصری و شخصیتی این کاراکترها در صحنه کمک شایانی می‌کرد و موجب شکل‌گیری امضای نمایشی برای آنان شد.

لباس

در قرن شانزدهم و حتی پس از آن، طراحی لباس زنان در تئاتر عموماً تابع نقش‌هایی بود که هر بازیگر ایفا می‌کرد. لباس‌ها نه به‌طور اختصاصی برای فرد پوشنده، بلکه برای شخصیت‌های نمایشی طراحی می‌شدند. به‌عنوان نمونه، نقش‌هایی مانند «ایزابلا» یا «کولومبینا» با ظاهری کاملاً متفاوت از شخصیت‌هایی چون «اینـاموراتا» (معشوقه) یا «خدمتکار»، بازتاب‌دهنده تمایز در جایگاه اجتماعی و دراماتیک شخصیت‌ها بودند. این تفاوت‌ها نه‌تنها به‌عنوان ابزاری برای تفکیک نقش‌ها عمل می‌کرد، بلکه به‌نوعی بازتابی از جایگاه اخلاقی و اجتماعی شخصیت‌ها در متن نمایش محسوب می‌شدند.

در دوره‌ای که زنان، به‌ویژه از دوران رنسانس به بعد، علاقه وافری به لباس‌های باشکوه و پیچیده داشتند، این گرایش در لباس‌های صحنه نیز به‌طور برجسته‌ای مشاهده می‌شد. زنان بازیگر با پوشیدن

نیم‌تنه‌های قلاب‌دوزی‌شده با نخ‌های طلا و ابریشم، به‌همراه جواهرات پرزرق و برق، گوشواره‌های مروارید، و حلقه‌ها یا رشته‌های تابیده‌شده از نخ طلا، جلوه‌ای اشرافی و مجلل به شخصیت‌های خود می‌بخشیدند. لباس‌های ایناموراتاها و کورتزان‌ها به‌ویژه با شکوه و تجمل به نمایش در می‌آمدند، چرا که این شخصیت‌ها نه‌تنها از نظر عاطفی و دراماتیک در کانون توجه بودند، بلکه از منظر زیبایی‌شناختی نیز در مرکز نگاه تماشاگران قرار داشتند. برای مثال، در نمایش *آنکونیتانا*، شخصیت «ایزوتا» که توسط «روزانته» بازی می‌شود، با تجملاتی مثال‌زدنی به‌تصویر کشیده می‌شود که نمونه‌ای بارز از این شیوه پوشش است.

لباس‌های شخصیت‌های زن در کمدیا دلارته، فراتر از یک عنصر تزئینی، نقش نمادین و فرهنگی داشتند. این لباس‌ها به گونه‌ای طراحی می‌شدند که تصویری ایده‌آل، اغواگرانه و در عین حال کنایه‌آمیز از «زن» خلق کنند؛ زنی که هم در مرکز نگاه مردانه قرار داشت و هم با اغراق در شکوه پوشش خود، به نوعی نابرابری‌های اجتماعی و جنسیتی زمانه را نقد می‌کرد. در واقع، پرزرق و برق بودن لباس‌های ایناموراتاها و کورتزان‌ها نه‌تنها نشانه‌ای از جایگاه طبقاتی آنان بود، بلکه می‌توان آن را به‌عنوان نوعی بازنمایی از خواسته‌ها و میل‌های سرکوب‌شده، یا حتی میل به قدرت و استقلال زنانه در نظر گرفت[۲۲]..

افزون بر این، همین لباس‌ها به بازیگر زن اجازه می‌دادند تا مرز میان شخصیت نمایشی و هویت شخصی خود را به چالش بکشد و در

22 Pierre Louis Duchartre, *The Italian Comedy*, Dover Publication, New York 1996, p. 264.

بسیاری از موارد، از خلال ظاهر خود سخنی ناگفته در مورد وضعیت واقعی زنان در جامعه زمانه‌اش بیان کند، بی‌آنکه آن را مستقیماً بیان کند.

ماسک‌ها

در کمدیا دلارته، ماسک مخصوص زنان وجود نداشت. دلیل اصلی این امر این بود که ماسک در کمدیا دلارته به‌طور عمده برای استانداردسازی و تثبیت ویژگی‌های ظاهری و رفتاری یک شخصیت مردانه استفاده می‌شد. این ماسک‌ها به‌طور عمومی به‌منظور تعریف دقیق‌تر شخصیت‌های تیپیک مردانه مانند «پانتالونه» یا «آرلکینو» طراحی شده بودند و به همین دلیل، شخصیت‌های زنانه مانند «ایناموراتاها» یا «سروتتا»، به‌دلیل تفاوت‌های عمده در بازی و اجرا، از این نوع ماسک‌ها مستثنی بودند.

این عدم استفاده از ماسک برای زنان از یک جنبه دیگر نیز قابل توجیه است؛ زیرا هیچ ماسکی نمی‌توانست به‌طور کامل زیبایی چهره زنانه را پنهان کند. زیبایی چهره به‌طور معمول شرط اصلی برای ایفای نقش‌های زنانه در کمدیا دلارته بود، چرا که بسیاری از این شخصیت‌ها بر پایه جذابیت‌های بصری و مسحورکنندگی چهره‌ی خود ساخته شده بودند.

با این وجود، زنان در کمدیا دلارته از ماسک مخملی سیاه ریز یا به اصطلاح «لوپ[۲۳]» استفاده می‌کردند. این ماسک، که به‌صورت معمول در فضای بیرون و داخل تئاتر به‌کار می‌رفت، نمی‌توانست به‌طور کامل نقاب واقعی در نظر گرفته شود، زیرا کاربرد آن بیشتر جنبه زینتی داشت. لوپ، که به اندازه پارچه‌های توری و لباس‌های زنانه در آن دوران متداول بود، به زنان رنگی مرواریدی و درخششی خاص می‌بخشید که در آن زمان از ارزش زیادی برخوردار بود. برانتوم[۲۴] در کتاب خود با عنوان **کتاب زنان**[۲۵] اشاره می‌کند که زنان در آن دوره، نه‌فقط در تئاتر بلکه در زندگی روزمره، به‌ویژه در خیابان‌ها و حتی در خانه، از این نوع پوشش برای افزودن به زیبایی و جاذبه خود استفاده می‌کردند.[۲۶]

در نهایت، ماسک‌های زنانه در کمدیا دلارته نمادهای فرهنگی و اجتماعی خاصی بودند که به‌طور غیرمستقیم با هویت زنان در آن زمان ارتباط داشتند. این ویژگی‌ها به‌ویژه در ترکیب با لباس‌های مجلل و نقش‌های پرزرق و برق، باعث می‌شد که زنان در تئاتر نه تنها بازنمایی‌کننده شخصیت‌های نمایشی باشند، بلکه در عین حال نماینده و بازتاب‌دهنده مسائل پیچیده اجتماعی و جنسیتی دوران خود نیز باشند.

---

[23] Loup.

[24] Pierre de Bourdeille. 1540 —1614 نویسنده فرانسوی .

[25] The book of the ladies.

[26] Pierre Louis Duchartre, *The Italian Comedy*, Dover Publication, New York 1996, pp. 226.

با گذشت زمان و تکامل نمایش‌های کمدیا دلارته، تقسیم‌بندی‌های مشخص‌تری برای نقش‌های زنانه در این فرم نمایشی شکل گرفت. این تقسیم‌بندی‌ها نه تنها به تنوع و تعدد شخصیت‌ها در صحنه کمک کرد، بلکه موجب شد تا هر شخصیت زنانه ویژگی‌های منحصر به فردی را از نظر کلامی، رفتاری و فیزیکی به نمایش بگذارد. این ویژگی‌ها، که اغلب بر اساس کاراکترهای شناخته‌شده مانند کولومبینا و کانتارینا شکل می‌گرفت، موجب می‌شدند که هر یک از شخصیت‌ها به‌راحتی از دیگری متمایز شده و در عین حال، قابلیت ایجاد تمایز و تعارضات درونی در نمایش‌ها را فراهم می‌آوردند. به عبارت دیگر، این تنوع در شخصیت‌ها، نه تنها سبب افزایش جذابیت دراماتیک نمایش‌ها می‌شد، بلکه به تماشاگران این امکان را می‌داد که هر یک از این نقش‌ها را به‌طور مستقل و با توجه به ویژگی‌های خاص خود تحلیل و ارزیابی کنند.

کولومبینا

کُلمبینا ماسکره‌ای است که به عنوان خدمتکاری شیطنت‌آمیز و جذاب یا گاه برادرزاده قهرمان مرد در نمایش‌ها ظاهر می‌شود. او یکی از شخصیت‌های کمدی است که لزوماً نماینده فضیلت نیست، بلکه از دنیای محبوب **آرلکینو**، نشأت می‌گیرد. در این دنیای نمایشی، کُلمبینا نقش همراه وفادار در ماجراجویی‌ها را ایفا می‌کند و گاهی نیز معشوق دلسرد قهرمان داستان است.

زمانی که کُلمبینا بر روی صحنه حضور می‌یابد، ویژگی‌هایی چون سهولت در حرکت، عشوه‌گری و استفاده از حیله‌گری‌های زنانه او را از سایر شخصیت‌ها متمایز می‌سازد. این ویژگی‌ها نه تنها نمایانگر زیرکی او بلکه نشان‌دهنده توانمندی در هنر اغواگری و اعتماد به نفس است.

تصویر شماره ٤. لباس کولومبینا

کُلمبینا دختری بازیگوش است که همواره می‌کوشد آراسته و دل‌فریب به نظر برسد. او اهل تعارف‌های بی‌مورد نیست و توانایی دارد که هر خواستگاری را که کم ادبی از خود نشان دهد را به‌راحتی کنار بگذارد. حتی دوست‌پسر همیشگی‌اش، **هارلکین**، اگر بخواهد نسبت به دیگر زنان ابراز احساسات کند، باید محتاط باشد؛ زیرا کُلمبینا به‌خوبی می‌داند چگونه او را در مسیر خود نگه دارد. پشت چهره‌ی پرشور و شوخ‌طبع کُلمبینا، روحیه‌ای با اراده و زیرکی نهفته است که او را به شخصیتی دل‌نشین و محبوب نزد دیگران تبدیل می‌کند.

کُلمبینا دروغ‌گویی ماهر است که از دروغ تنها برای رسیدن به اهداف بزرگ‌تر استفاده می‌کند، به‌ویژه برای حفظ عشق معشوقه‌اش از چنگال پدری سخت‌گیر و بداخلاق که همواره مانع او می‌شود. او در پنهان کردن نامه‌های عاشقانه زیر پیش‌بند یا در سینه‌اش مهارت دارد و زمانی که مجبور است این پیام‌ها را به معشوق بدون اطلاع والدین مشکوک یا خواستگار ناخواسته برساند، بهترین توانمندی‌های خود را به نمایش می‌گذارد. کُلمبینا زنی باهوش است که به‌خوبی درک کرده در جامعه‌ای مردسالار زندگی می‌کند؛ جایی که برای بقا باید از هوشمندی و حساسیت بهره گیرد. همین آگاهی و زیرکی است که باعث می‌شود کُلمبینا برای ما شخصیت جذاب و دوست‌داشتنی جلوه کند.

کانترینا و بالرینا

به‌طور دقیق، نقش‌های **کانترینا**[۲۷] و **بالرینا**[۲۸] در یک دسته قرار می‌گیرند؛ چرا که تقریباً تمام بازیگران زن در کمدیا دلارته — و نیز در کمدی‌های فرانسوی-ایتالیایی متأخر — قادر به اجرای رقص، آواز و نواختن چند ساز موسیقی بودند. از منظر تاریخی، این نقش «خواننده»، جزئی مهم و کلیدی در سنت کمدی ایتالیایی به‌شمار می‌رفت.

---

[۲۷] در لغت به معنی آواز خوان زن است.

[۲۸] در لغت به معنی رقصنده زن است.

دومان ریاضی

تصویر شماره ۵. تصویری از یک بالرینا قرن هفده

اینناموراتا[۲۹]

بدون شک یکی از پایه‌های اصلی نمایشهای دلارته شخصیت اینناموراتا یا عاشق (زن) است. در دنیایی که پر از زد و خورد، نیرنگ و حیله وشوخی‌های کلامی و حرکتیست، اینناموراتا وظیفه تلطیف کردن و روح زندگی بخشیدن به این شکل نمایش را دارد. این شخصیت هم می‌تواند از قشر فرادست جامعه باشد که در آن حالت یا دختر پانتالونه است یا یکی از خویشاوندانش و یا زمانی که از طبقه پایین اجتماع می‌آید معشوقه جوان اول نمایش (اینناموراتو —عاشق) میشود. در قرن شانزدهم این شخصیت بیشتر با نام‌هایی مانند کورنلیا، ایزابلا، فلامینا، لوچیندا و لوکرتزیا در صحنه دیده می‌شد.

[29] Innamorata (زن) یا همان نقش عاشق.

تصویر شماره ۶. نمایی از یک بازیگر نقش معشوقه (اینناموراتا) اثر ژان-آنتوان واتو

—واسطه، زن دسیسه‌گر، غیبت‌گو[30]

در ساختار نمایشی کمدیا دلارته، واسطه یا همان «پیرزن دسیسه‌گر» یکی از شخصیت‌های مکمل مهم است. او معمولاً مادری است که نقش واسطه‌ی عاشقانه یا تجاری را بین دختر خود و مردان می‌پذیرد. این شخصیت، ترکیبی از دسیسه‌گری، واقع‌گرایی و محافظه‌کاری اجتماعی است.

جوانان در نقش زنان در کمدیا دلارته

در ارتباط با نقش‌های زنانه‌ای که جوانان در تئاتر کمدیا دلارته بازی می‌کنند، جالب است که به مقاله‌ای سرگرم‌کننده از نیکولو باربیری (بلترام دا میلانو) اشاره کنیم که ظاهراً با جدیت فراوان نگاشته شده است. او در این مقاله می‌نویسد:[31]

---

30 La Ruffiana, La Guaiassa.

۳۱ نیکولو باربیری (Nicolò Barbieri)نویسنده و بازیگر ایتالیایی در دوره باروک بود که در سال ۱۵۸۶ در ورچلی ایتالیا متولد شد و در سال ۱۶۴۱ درگذشت. او بیشتر با نام "بلترام دی میلانو (Beltrame di Milano) "شناخته می‌شود که به یکی از شخصیت‌های معروف او به نام بلترام اشاره دارد. این شخصیت در یکی از برجسته‌ترین نمایش‌های باربیری، L'inavertito(که به عنوان "خطای تصادفی" شناخته می‌شود)، ظاهر شد و گفته می‌شود که تأثیر زیادی بر نمایش L'Étourdi ou les Contretempsاثر مولیر داشته است. باربیری علاوه بر محبوب‌سازی

«این مردان جوان نمی‌دانند چگونه به خود لباس جنس مخالف بپوشند، بنابراین باید در خانه و با کمک همسرانشان یا یک خدمتکار پر مغز که با آنها آزادانه و سرزنده رفتار می‌کند، لباس بپوشند. کسی که شور و شوقش با گذر زمان یا کار جدی فروکش نکرده باشد، در معرض تبدیل شدن به موجودی غیرقابل تحمل همچون یک لانه گاو قرار دارد. این بچه‌ها آشکارا از شهر عبور می‌کنند، با هم گپ می‌زنند و در جست‌وجو هستند، و اغلب آن‌قدر ژولیده به تئاتر می‌رسند که دوستان یا معلم‌هایشان باید دوباره موهایشان را شانه کنند، آرایششان را اصلاح کنند و ظرافت‌هایشان را به حالت اولیه برگردانند. شاید شخص راضی باشد اگر بتواند به موقع به محل برسد. علاوه بر این، آنها باید برای جلب توجه و تشویق، تملق شوند. به راستی که آنها به اندازه کافی برای رفع حوصله کسانی که از آنها مراقبت می‌کنند، کفایت می‌کنند.»

شخصیت بلترام، به خاطر خلق شخصیت دیگری در دنیای کمدیا دلارته به نام اسکاپینو نیز مشهور است.

باربیری یکی از نویسندگان و بازیگران موفق این ژانر تئاتری بود که در سراسر اروپا تورهایی برگزار کرد و حتی در دربار سلطنتی فرانسه نیز به اجرا پرداخته است. او علاوه بر آثار نمایشی، مقالاتی در زمینه تئاتر نیز نوشته است، از جمله مقاله معروف La supplica. Discorso famigliare a quelli che trattano de' comici (1634) که در آن به دفاع از تئاتر و بازیگران پرداخته و منبعی مهم برای درک فرهنگ کمدی در آن زمان به شمار می‌رود. همچنین، باربیری به عنوان یک بازیگر کمدی به معرفی عادتی پرداخت که در آن بازیگران بر روی صندلی ایستاده و نمایش می‌دادند، که احتمالاً منشأ واژه ایتالیایی) "Saltimbanco"کمدین‌ها و دلقک‌ها) به شمار می‌رود.

بلترام در نهایت گزارش خود را با این عقیده به پایان می‌رساند که تنها زنان باید نقش‌های زنانه را بازی کنند و هر رسم دیگری آشکارا ناپسند است.

مطالعات مدرن همچنین به تأثیر این شیوه در درک نقش‌های زنانه پرداخته‌اند. به عنوان مثال، ماریا-لویسا برادکلی[۳۲] در کتاب خود[۳۳] به این نکته اشاره می‌کند که استفاده از مردان در نقش‌های زنانه نه تنها بازنمایی کاریکاتوری از جنسیت و هویت‌های اجتماعی بود، بلکه گاهی اوقات این نقش‌ها به بازتاب قدرت زنان در جامعه‌ای غالباً مردسالار تبدیل می‌شد.

علاوه بر این، برخی محققان بر این باورند که این سبک بازیگری می‌توانست زمینه‌ای برای نقد پنهانی از تفاوت‌های جنسیتی و مبارزات زنان در عرصه‌های مختلف اجتماعی باشد. در این راستا، تئاتر کمدیا دلارته تنها به سرگرمی و تفریح محدود نمی‌شد، بلکه به بازتاب‌دهنده مفاهیم عمیق‌تر اجتماعی و سیاسی نیز تبدیل می‌گشت.

نتیجه:

بررسی شخصیت‌های زنانه در کمدیا دلارته نشان‌دهنده‌ی نقش محوری و چندبعدی زنان در این شکل نمایشی است. اگرچه این

---

32 -Louisa Braddick.

33 Braddick, Maria-Louisa. *La Commedia dell'arte and the Changing Role of Women*. University of Chicago Press, 2015.

نمایش‌ها در ظاهر به‌عنوان نمایشهای شاد و سرگرم‌کننده شناخته می‌شوند، اما شخصیت‌های زن در آن‌ها به‌طور قابل توجهی به بازتاب پیچیدگی‌های اجتماعی، فرهنگی و جنسیتی دوران خود پرداخته‌اند. زنان در کمدیا دلارته، همچون کولومبینا، اینناموراتا و سروتا، نه‌تنها در قالب شخصیت‌هایی اغواگر، زیرک و جذاب به‌نمایش درمی‌آیند، بلکه این ویژگی‌ها به‌عنوان ابزاری برای نقد و تحلیل ساختارهای اجتماعی و جنسیتی موجود عمل می‌کنند. از طریق بازی در نقش‌هایی همچون معشوقه، خدمتکار یا واسطه، این شخصیت‌ها بازنمایی‌کننده‌ی تضادهای طبقاتی، اخلاقی و اجتماعی دوران خود هستند و در بسیاری از موارد به‌ویژه در ابعاد بصری و رفتاری، اعتراضاتی به نابرابری‌های جنسیتی آن زمان مطرح می‌سازند

با وجود این‌که در کمدیا دلارته از ماسک‌ها به‌طور عمده برای شخصیت‌های مردانه استفاده می‌شد، زنان با ویژگی‌های خاص خود در لباس‌ها و رفتارهایشان، از ابزارهایی همچون حیله‌گری و جذابیت بصری بهره می‌بردند که نه‌تنها نقشی دراماتیک و کمدی را ایفا می‌کرد، بلکه به‌طور غیرمستقیم نقدهایی به ساختارهای مردسالارانه و سلطه‌جویانه جامعه آن زمان وارد می‌آوردند. همچنین، طراحی لباس‌های خاص و استفاده از ماسک‌های زنانه، به‌ویژه ماسک‌های تزیینی، ابزاری برای بازنمایی هویت و جایگاه اجتماعی زنان در نمایش‌ها بود و با وجود این‌که این لباس‌ها و ماسک‌ها جنبه‌ای ظاهری داشتند، درواقع بیانگر پیچیدگی‌های اجتماعی و طبقاتی بودند.

در نهایت، کمدیا دلارته با ترکیب کمدی، تراژدی و نقد اجتماعی، به ابزاری برای نمایش قدرت و هویت زنان تبدیل شد. این فرم نمایشی

تنها به‌عنوان یک ابزار سرگرم‌کننده باقی نماند، بلکه با نقد وضعیت اجتماعی و جنسیتی زمان خود، به‌عنوان یک بازتاب فرهنگی و سیاسی نیز مطرح گردید. بدین‌گونه، کمدیا دلارته نه تنها در زمینه تئاتر بلکه در سطح اجتماعی و فرهنگی نیز تاثیرات ماندگاری بر جای گذاشت و به‌ویژه در عرصه تحلیل هویت و نقش زنان در جوامع پیشاصنعتی سهم بسزایی ایفا کرد.

منابع:

Andrews, Richard. *Scripts and Scenarios: The Performance of Comedy in Renaissance Italy*. Cambridge: Cambridge University Press, 1993.

Braddick, Maria-Louisa. *Commedia dell'Arte and the Changing Role of Women*. Chicago: University of Chicago Press, 2015.

Campbell, Julie D., and Anne R. Larsen, eds. *Early Modern Women and Transnational Communities of Letters*. London: Routledge, 2016.

Duchartre, Pierre Louis. *The Italian Comedy*. New York: Dover Publications, 1996.

Fairchilds, Cissie. *Women in Early Modern Europe, 1500–1700*. London: Pearson, 2007.

Ferrone, Siro. *La commedia dell'arte*. Torino: Einaudi, 2014.

Fischer-Lichte, Erika. *The Transformative Power of Performance: A New Aesthetics*. London: Routledge, 2008.

Gibson, Rex. *A History of Theatre*. Cambridge: Cambridge University Press, 2009.

Henke, Robert. *Performance and Literature in the Commedia dell'Arte*. Cambridge: Cambridge University Press, 2002.

Ozment, Steven E. *Religion and Culture in the Renaissance and Reformation*. Sixteenth-Century Essays & Studies 11. Kirksville: Truman State University Press, 1989.

Taviani, Ferdinando. *Il segreto della Commedia dell'arte*. Firenze: La Casa Usher, 1982.

Tessari, Roberto. "Il mercato delle maschere." In *Storia del teatro moderno*, Torino: Einaudi, 2000.

دومان ریاضی

از زاننی[۱] تا دن جواننی[۲]

(پژوهشی در مورد زاننی‌های کمدیا دلارته و دن جواننی)

چکیده:

بی شک از کمدیا دلارته به عنوان یکی از مهمترین اتفاقات نمایشی قرن شانزدهم ایتالیا نام برد. نمایشی که با ماسکره‌های اعجاز انگیزش تأثیرات زیادی بر شکلهای نمایشی بعد از خودش در تمام دنیا گذاشت. یکی از این ماسکره‌های برجسته، زاننی است که نماینده طبقات پایین جامعه و خدمتکاران مهاجر بود. این شخصیت‌ها، که معمولاً ویژگی‌هایی چون زیرکی، فریبکاری و بازیگوشی دارند، در گذر زمان به انواع مختلفی تقسیم شدند که هرکدام ویژگی‌های خاص خود را در بر داشتند.

در این مقاله تلاش خواهیم کرد به بررسی تاریخچه و تحول شخصیت‌های زاننی در کمدیا دلارته بپردازیم. در این راستا، تلاش می‌شود تا فرایند تبدیل زاننی‌ها از شخصیت‌های اولیه ساده به شخصیت‌های پیچیده‌تری چون آرلکینو،[۳] برگیلا[٤] و ترو فالدینو[٥]

---

[1] Zanni.

[2] Don Giovanni- Don Juan- .

[3] Arlecchino.

[4] Brigella.

[5] Truffaldino.

تحلیل گردد. همچنین، این تحقیق به بررسی نقش زاننی‌ها در ساختار کمدی و کارکردهای آن‌ها در انتقاد اجتماعی می‌پردازد، به‌ویژه در رابطه با تضادهای طبقاتی و آشفتگی‌های اجتماعی دوران رنسانس. در نهایت، مقاله به ارتباط احتمالی شخصیت‌های زاننی با شخصیت دون ژوان پرداخته و به این سوال پاسخ می‌دهد که چگونه این دو تیپ نمایشی، با ویژگی‌های رفتاری و طبقاتی مختلف، می‌توانند در روند تکامل تئاتر و کمدی‌های دورهٔ باروک تأثیرات مشترک و مشابهی داشته باشند.

کلمات کلیدی: زاننی، کمدیا دلارته، دن جوانني، تئاتر ایتالیا

مقدمه:

کمدیا دلارته یکی از مهم‌ترین گونه‌های تئاتری قرن شانزدهم و هفدهم در ایتالیا است که در بستر شرایط اجتماعی، فرهنگی و سیاسی آن دوران شکل گرفت و تأثیرات شگرفی بر تئاتر و هنرهای نمایشی اروپا گذاشت. این نوع تئاتر که از ویژگی‌های اصلی آن می‌توان به بداهه‌پردازی و شخصیت‌های تیپیک اشاره کرد، برخلاف سایر سبک‌ها در ایتالیا، با بهره‌گیری از کمدی‌های فیزیکی و طنز اجتماعی به تبیین تضادهای اجتماعی و طبقاتی پرداخت. در این راستا، زاننی یکی از شخصیت‌های برجسته و بی‌بدیل کمدیا دلارته است که نقشی

ویژه در بازنمایی زندگی طبقات پایین جامعه و زندگی خدمتکاران و مهاجران ایفا می‌کند.

برای درک بهتر شکل‌گیری شخصیت‌های زانّی در کمدیا دلارته باید به شرایط اجتماعی و اقتصادی ایتالیا در قرن شانزدهم و هفدهم توجه کرد. در این دوران، ایتالیا شاهد تحولات عمده‌ای بود. از یک سو، جنگ‌ها، فقر و بی‌ثباتی‌های سیاسی بر ساختارهای اجتماعی تأثیر گذاشته و از سوی دیگر، رشد شهرنشینی و گسترش طبقات بورژوا و تجاری باعث شد که ساختارهای طبقاتی پیچیده‌تر شوند. این وضعیت اجتماعی به‌ویژه در شهرهای بزرگ ایتالیا مانند ونیز و میلان که مرکز زندگی شهری و اقتصادی آن زمان بودند، مشهود بود. در این شرایط، شخصیت‌های خدمتکار و مهاجران که در طبقات پایین جامعه قرار داشتند، با چالش‌های بسیاری مواجه بودند که کمدیا دلارته به‌خوبی این تضادها را به نمایش گذاشت.

زانّی‌ها که از این طبقات پایین و در واقع از میان خدمتکاران و مهاجران روستایی بودند، نه تنها در نمایش‌های کمدی حضور داشتند، بلکه به‌نوعی نماینده‌های جوامع فقیر و به حاشیه رانده‌شده بودند. این شخصیت‌ها، که غالباً ویژگی‌هایی چون زیرکی، فریبکاری و بازیگوشی داشتند، در نمایش‌های کمدیا دلارته به‌عنوان کاتالیزورهای بحران‌های اجتماعی و فرهنگی عمل می‌کردند. این تیپ‌ها از طریق طنز و فریبکاری‌های خود، نقدهایی اجتماعی و طبقاتی به وضعیت موجود وارد می‌آوردند

از زاننی تا دن جوانی

عکس شماره۱. یک زاننی

با گسترش و همه‌گیر شدن کمدیای دلارته، دیری نپایید که بازیگران توانمند و خلاقی پا به عرصه نمایش گذاشتند. این هنرمندان، هر یک با دانش، بینش و ذوق هنری خاص خود، لایه‌هایی نو به این سنت نمایشی افزودند و به غنای آن کمک کردند. حضور این چهره‌های نوظهور، نه‌تنها باعث تنوع در فرم و اجرا شد، بلکه زمینه‌ساز آفرینش شخصیت‌ها و نقاب‌های جدیدی گردید که ساختار کمدیای دلارته را از حالت ساده و ابتدایی‌اش فراتر بردند.

در ابتدا، نقش‌های زاننی جایگاه ویژه‌ای در نمایش‌ها داشتند. اما به‌مرور زمان، از دل اجراهای پویای این شخصیت، ماسکره‌های تازه‌ای پدید آمدند که برخی از آن‌ها به ستون‌های اصلی کمدیا دلارته بدل شدند. برای مثال، شخصیت‌هایی همچون پانتلونه، دوتتوره، یا عاشق دلداده و ساده‌دل، هریک بازتابی از تیپ‌های اجتماعی و روان‌شناختی زمانه خود بودند. این نقاب‌ها، علاوه بر آن‌که کمدی موقعیت و زبان را به نمایش‌ها می‌آوردند، بستری برای نقدهای اجتماعی و فرهنگی نیز فراهم می‌کردند. بدین ترتیب، کمدیا دلارته به‌مرور از یک شکل ابتدایی نمایش خیابانی به سنتی غنی و چندلایه تبدیل شد که توانست در طول قرون، مخاطبان مختلفی را مجذوب خود سازد و الهام‌بخش نسل‌های بعدی نمایشنامه‌نویسان، کارگردانان و بازیگران شود.

تولد یک خانواده نمایشی

در دل ساختار کمدیا دلارته، یکی از نقشهای را که می‌توان خاستگاه اغلب تیپ‌های کمیک دانست، آن نقش زاننی است. زاننی، با ویژگی‌های ساده‌دلانه و طنزآمیزش، ابتدا تنها نماد نوکری بی‌سواد و از طبقه پایین اجتماع بود، اما با گذشت زمان و پیچیده‌تر شدن روایت‌ها، این شخصیت ساده دیگر پاسخگوی نیازهای دراماتیک نمایش‌ها نبود. بازیگران و نویسندگان نمایش‌های بداهه، برای حفظ تنوع و افزایش تأثیر کمیک، ناچار به تفکیک ویژگی‌های زاننی شدند و از دل آن، شخصیت‌هایی تازه با مشخصه‌های دقیق‌تر و کارکردهای

نمایشی متمایز شکل گرفتند. این فرایند، در واقع نقطه آغاز یک تحول اساسی در نظام تیپ‌سازی کمدیای دلارته است.

در نخستین مراحل شکل‌گیری کمدیا دلارته، شخصیت «زاننی» نقشی بنیادین داشت. او نماینده‌ی نوکر ساده‌دل و روستازاده‌ای بود که با رفتارهای بی‌دست‌وپا، گرسنگی همیشگی و زبان محلی خود، مایه خنده تماشاگر می‌شد. با گسترش نمایش‌ها و نیاز به پیچیدگی بیشتر در طرح و شخصیت‌ها، زاننی به چند شاخه متمایز تقسیم شد که از دل آن‌ها ماسکه‌هایی چون آرلکینو، بریگلا، پولچینلا و تروفالدینو پدید آمدند.

آرلکینو:

پرجنب‌وجوش و بازیگوش، نماد طنز فیزیکی و شادمانی لحظه‌ای بود؛ لباس‌های رنگارنگ با طرح لوزی و رفتارهای اغراق‌آمیز. به همان اندازه که هموطنش (بریگلا) بسیار رند و زیرک است او خوش باور، زودباور، ساده‌اندیش و ساده‌نگراست، بعضی وقت‌ها یک کلاهبردار ذاتی و به نام و بعضی وقت‌ها بسیار خوش‌قلب و مهربان است در

عکس شماره۲ آرلکینو

مقطعی از زمان به معنای کامل کلمه در صحنه گرسنه بود، زیرا بازیگری که نقش را ایفا می‌کرد اغلب زندگی بسیار سختی داشت و تهیه غذا برای خود و خانواده‌اش بسیار سخت بود.[۶]

---

[۶] نکته بسیار مهمی که نباید از آن غافل شویم سفر کمدیا دلارته و تغییر و شخصیتی ماسکره‌ها است. به طور مثال در ابتدا حرکت کمدیا دلارته اگر ماسکره‌ای منفی است دلیل بر منفی بودن آن در ادامه تاریخ کمدیا دلارته نیست پس اگر آرلکینو در ابتدای خلق شدنش و در ایتالیا دست‌وپا چلفتی و همیشه فریب خورده است. شاید

برگیلا:

به عنوان یک هم خانواده زاننی که بیشتر به صورت یک شخصیت فرصت‌طلب و دست‌وپا چلفتی به تصویر کشیده می‌شود، به مرور در تئاترهای کمدیا دلارته به شخصیتی پیچیده‌تر تبدیل شد. برگیلا به عنوان خدمتکاران باهوش و همچنین فردی که سعی در کسب منافع شخصی خود دارد، در طول زمان به شخصیتی با مهارت‌های اجتماعی و حتی فریبکاری‌های پیچیده‌تر تبدیل شد.[۷]

سال‌ها بعد یا در کشوری دیگر مانند فرانسه بسیار باهوش و چالاک باشد، همانطور که در آثاری که از کارلو گولدونی در فرانسه ساخته می‌شود به وضوح می‌توان به این تغییر در آرلکینو و دیگر ماسکره‌ها پی برد.

[7] Pierre Louis Duchartre, *The Italian Comedy*, Dover Publication, New York 1996, pp 161-164.

عکس شماره۳. بریگلاا

ترو فالدینو:[۸]

یکی از هم خانواده‌های دیگر زاننی که بیشتر نزدیک به آرلکینو بود در ابتدا بیشتر در نقش خدمتکاران پایین‌دست با ویژگی‌های کمدی ساده به نمایش درمی‌آمد. اما در آثار مختلف کمدیا دلارته، ترو فالدینو

[۸] درکلام به معنای کلاهبردار و مجرم است.

تبدیل به شخصیتی چندوجهی شد که به جای صرفاً فریبکاری، دستکاری موقعیت‌ها و ایجاد طنز از طریق بازی با هویت‌ها و دروغ‌گویی، به شکلی عمیق‌تر از شخصیت‌های ساده‌دل نمایشی پرداخته می‌شد.[9] به احتمال زیاد اولین بار در اواخر قرن شانزدهم ظاهر شد. در قرن هجدهم، کاریکاتوری از برگامویی‌ها بود که شباهت نزدیکی به آرلکینویی داشت که انتونیو ساکو[10] خلق کرده بود. به گفته گوتزی،[11] نقش تروفالدینو کاملاً بداهه بود و او در واقع می‌گوید که "هیچ‌کس نمی‌توانست نقش تروفالدینو را نه به نثر و نه به نظم بنویسد. ساکی فقط کافی بود از نیت نویسنده مطلع باشد تا صحنه‌هایی را بداهه‌سازی کند که بدون شک برتر از هر صحنه‌ای بودند که نتایج رضایت‌بخشی داشت.

[9] Pierre Louis Duchartre, *The Italian Comedy*, p 157.

[10] Antonio Sacco.

[11] Carlo Gozzi.

عکس شماره ۴ تروفالدینو

تقسیم زاننی به این تیپ‌های متمایز، نشانه‌ی بلوغ کمدیا دلارته و واکنش هوشمندانه‌اش به سلیقه مخاطبان و تحولات فرهنگی زمانه بود.

زاننی‌ها و ساختار کمدیا دلارته

ماسکره زاننی هنوز در فولکلور منطقه آلپ به‌عنوان شخصیتی با ویژگی‌های بسیار کمیک و شیطنت آمیز باقی مانده است. کم لطفی بزرگی است که ما این شخصیت را فقط به کمدیا دلارته یا کارناوال‌های قرون وسطی نسبت بدهیم، بلکه بهتر است بگوییم به‌عنوان یک شخصیت کمیک از ابتدا در دنیای نمایش‌ها و کمدی‌ها وجود داشته است. اگر شخصیت «زانه»[۱۲] را در فولکلور ترنتینو[۱۳] بررسی کنیم، متوجه خواهیم شد که شباهت زیادی به قدیمی‌ترین نقاب‌های کمیک و شیطانی فولکلور اروپایی دارد.

اما زاننی‌ها معمولاً رفتاری مشابه دلقک‌های قرون وسطایی دارند. گاهی یک زاننی رهبر و لیدر یک گروه از کمدینها را در کارناوال‌ها را به عهده می‌گیرد و گاهی گروهی از زاننی‌ها به صورت مستقل با لباس‌های رنگارنگ و حرکات مبالغه‌آمیز به‌عنوان دلقک‌های کارناوال ظاهر می‌شوند.[۱۴]

ویژگی‌هایی مانند دزدی و شیطنت در این شخصیت‌ها بسیار بارز است. آنها در جشن‌های کارناوال به خانه‌ها وارد می‌شوند و خوراکی‌ها و چیزهای دیگر را می‌دزدند. زاننی‌ها در بسیاری از فرهنگ‌ها به‌عنوان

---

[۱۲] Zane شخصیتی کمیک از شمال ایتالیا.

[۱۳] Trentino نام استانی در شمال ایتالیا است.

[14] Paolo Toschi, *Le origine del teatro Italiano*, Bollati Boringhieri, Torono 1976, pp 208-212.

نماد شیطان یا روح مردگان شناخته می‌شوند و در برخی مناطق، نام‌های مستعار برای این شخصیت‌ها رایج است.

با گذر زمان، یکی از ستون‌های اصلی در کمدیا دلارته خدمتکارها (زانی‌ها) شدند که نقشی کلیدی در ساختار کمدی ایفا می‌کردند. حضور آنها باعث به وجود آمدن موقعیت‌های کمدی و موقعیت‌های خاص می‌شد که از مهم‌ترین ویژگی‌های این سبک نمایشی به شمار می‌آید. این شخصیت‌ها، که معمولاً در موقعیت‌های پیچیده و دغلکارانه قرار دارند، به ایجاد کمدی از طریق تضادهای اجتماعی، فیزیکی و روانشناختی می‌پردازند.

زانی‌ها به طور معمول در موقعیت‌های معکوس و غیرمنتظره قرار دارند. آنها با رفتارهای خود، که اغلب از دغلکاری، دروغ‌گویی و اشتباهات عمدی ناشی می‌شود، باعث شکل‌گیری تنش و در نهایت ایجاد کمدی می‌شوند. این موقعیت‌های کمدی اغلب به این شکل رخ می‌دهند که زانی‌ها در برابر سایر شخصیت‌ها، به ویژه در برابر افراد اشرافی یا اربابان، دست به تقلب و فریب می‌زنند و از هوش و زیرکی خود برای بیرون آمدن از بحران‌ها و مشکلات استفاده می‌کنند.

دن جواننی درچهار روایت: مولینا،[15] مولیر[16] و موزارت،[17] جرج گوردون بایرون[18]

اما دن جواننی یا دن ژوان :

در روایت نخست، دن جواننی اشراف‌زاده‌ای گستاخ و بی‌پرواست که با بی‌اعتنایی کامل به اصول دینی و اخلاقی، زنان را فریب می‌دهد و یک ساختا ر و باور اجتماعی را به بازی می‌گیرد. در پایان، با بازگشت روح پدر یکی از قربانیانش که به‌صورت مجسمه‌ای سنگی ظاهر می‌شود، به مجازات الهی گرفتار می‌شود. این روایت بر آموزه‌های کاتولیکی و اصل عدالت الهی استوار است و دن جواننی را به‌عنوان نماد گناه و فساد معرفی می‌کند که نابودی‌اش ناگزیر است.[19]

دن جواننی در نمایش مولیر

مولیر شخصیت دن ژوان را از دیدی فلسفی‌تر و انتقادی‌تر بررسی می‌کند. دن ژوان در این نسخه، نه فقط یک زن‌باره، بلکه نمادی از ریاکاری دینی و بحران ایمان است. او به‌صراحت باورهای مذهبی را

---

[15] Tirso de Molina.

[16] Molière.

[17] Mozart.

[18] Byron, George Gordon.

[19] Tirso de Molina. *El burlador de Sevilla y convidado de piedra*, ca. 1630.

به چالش می‌کشد و در ظاهر خود را مؤمن نشان می‌دهد اما در عمل، از مذهب برای منافع شخصی استفاده می‌کند. دن ژوان مولیر، آگاهانه دروغ می‌گوید، اخلاق را ابزار کنترل می‌بیند و با نوعی شک‌گرایی سرد و عقل‌گرایانه، جهان را تحلیل می‌کند. این دن ژوان کمتر هیجانی و بیشتر ذهنی و ایدئولوژیک است و در نهایت، نیز به سرنوشتی شبیه نسخه‌ی اسپانیایی دچار می‌شود، اما با تأکیدی بیشتر بر خود فریبی دارد.[۲۰]

دن جوانی در اپرای موزارت

در اپرای موزارت، با لیبرتو لورنزو دا پونته،[۲۱] دن جوانی شخصیتی تئاتری‌تر، زنده‌تر و چندلایه‌تر است. در این روایت، تأکید بر جذابیت کاریزماتیک دن جوانی بسیار پررنگ است. او مانند یک بازیگر ماهر، نقش‌های مختلفی را بازی می‌کند تا به اهدافش برسد. در این اپرا دن جوانی شخصیتی پر از آشوب و میل به آزادی دارد تا یک گناه‌کار صرف. صد البته همراهی این متن با موسیقی موزارت عمق روان‌شناختی بیشتری به این شخصیت می‌بخشد و او را به نوعی نماینده‌ی لذت‌طلبی روشنفکرانه و بی‌مرز تبدیل می‌کند. با این حال، سرنوشت او نیز محکوم به نابودی است، اما این پایان، بیشتر یادآور

---

20 Molière. *Don Juan ou le Festin de pierre*, 1665.

21 Lorenzo Da Ponte.

تقابل میان زندگی پر از شهوت و محدودیت‌های اخلاقی و اجتماعی است [۲۲].

نسخه انگلیسی

در قرن نوزدهم، شاعر انگلیسی جرج گوردون بایرون شخصیت دن جوانني را در یک شعر بلند و ناتمام وارد دنیای ادبیات کرد. برخلاف روایت‌های قبلی که او را اغواگری بی‌پروا و سرکش نشان می‌دادند، دن جوانني در اینجا بیشتر قربانی موقعیت‌هاست تا عامل آن‌ها. بایرون در این اثر، دن جوانني را شخصیتی ساده‌دل و گاهی نادان تصویر می‌کند که درگیر ماجراهایی عاشقانه و گاه خنده‌دار می‌شود.

این اثر، شعری بلند و ناتمام است که با زبانی طنزآمیز، هم شخصیت دن جوانني را بازآفرینی می‌کند و هم از آن به‌عنوان ابزاری برای نقد اخلاق اجتماعی، سیاست، جنگ و حتی سنت‌های ادبی استفاده می‌شود. دن جوانني در این روایت دیگر چهره‌ای اهریمنی یا قهرمان نیست، بلکه انسانی معمولی و گاهی ساده‌دل است که در دنیایی پیچیده و متناقض، سرگردان است. این روایت نه به‌دنبال مجازات است و نه ستایش، بلکه تلاشی برای تماشای انسان مدرن از زاویه‌ای طنز و فلسفی است.[۲۳]

---

[22] Mozart, W. A. & Da Ponte, L. Don Giovanni, 1787.

[23] Byron, George Gordon. *Don Juan*. 1819—1824 (unfinished).

چهار روایت از دن جوانني، چهار تصویر از انسان در زمان‌های مختلف را پیش روی ما می‌گذارند. در اسپانیا، او گناهکاری مجازات‌شده است؛ در فرانسه، عقل‌گرایی طغیان‌گر؛ در وین، نیرویی سرکش و تراژیک؛ و در انگلستان، انسانی طناز و قربانی موقعیت‌ها. این تفاوت‌ها نشان می‌دهند که دن جوانني نه فقط یک شخصیت، بلکه اسطوره‌ای زنده است که با هر بازخوانی، بازتاب تازه‌ای از اندیشه و فرهنگ انسانی ارائه می‌دهد.

دن ژوان در سنت نمایشی ایتالیا از منظر سیرو فررونه

سیرو فررونه[۲۴] در کتاب خود دربارهٔ کمدیا دلارته، به یکی از مهم‌ترین سفرهای نمایشی در سنت بازیگری حرفه‌ای اروپا اشاره می‌کند: ورود شخصیت دن ژوان به صحنه‌های ایتالیایی. او نخستین روایت این سفر را به نمایشی منسوب به نویسنده اسپانیایی قرن هفدهم بازمی‌گرداند؛ متنی که در حدود سال ۱۶۳۰ نوشته شد، اما از طریق گروه‌های بازیگری و پیش از انتشار رسمی، وارد ایتالیا گردید.[۲۵]

بر اساس بررسی‌های فررونه، این متن ابتدا توسط دو گروه بازیگر اسپانیایی در تئاتر سن بارتولومئو ناپل اجرا شد. این اجراها که میان سال‌های ۱۶۲۵ تا ۱۶۲۷ انجام گرفتند، احتمالاً بر اساس نسخه‌ای خطی از نمایشنامه بودند. از آن‌جا، متن به فلورانس رسید و در سال

---

[24] Siro Ferrone.

[۲۵] سفر بورلادور د سویلا -Burlador de Sevilla

۱۶۳۳ توسط جیاچینتو آندره‌آ چیکونینی[26] اجرا شد. در سال‌های بعد، نسخه‌هایی از این روایت در بولونیا نیز به صحنه رفت، جایی که بازیگری به نام مارکو ناپولیونی[27] در نقش دن ژوان ظاهر شد. حضور این نسخه‌ها در شهرهای مختلف نشان می‌دهد که چگونه یک متن از طریق اجرا و از زبان به زبان دیگر، گسترش می‌یافت و شکل می‌گرفت.

فررونه از نسخه‌ای خاص در فلورانس نام می‌برد که ویژگی‌هایی کاملاً متفاوت از اجراهای پیشین داشت. این اجرا از جلوه‌های صحنه‌ای، نورپردازی‌های پیچیده، موسیقی و حضور گروه کر فرشتگان و شیاطین بهره می‌برد و اجرایی چندرسانه‌ای را به نمایش می‌گذاشت. پردهٔ پایانی آن، ترکیبی از موسیقی مذهبی و عناصر نمایشی «تئاتر شقاوت» بود که فضایی نمادین و ترس‌آور را خلق می‌کرد. در این نسخه، صحنه‌ای وجود داشت که در آن قهرمان اصلی، معشوق خود را طرد می‌کرد و خدمتکارش را به دار می‌زد؛ صحنه‌ای که با باز شدن پرده‌ای در پس‌زمینه، بدن بی‌جان خدمتکار را آشکار می‌کرد.

در سال ۱۶۵۷ نیز در فلورانس، نمایشی از دن جواننی به اجرا درآمد که در آن مارکو ناپولیونی در نقش اصلی و جووان باتیستا فیوریلو[28] در نقش خدمتکار ظاهر شدند. این نسخه، هم‌زمان از همکاری بازیگران حرفه‌ای و نمایشنامه‌نویسان آکادمیک بهره‌مند بود. فررونه اشاره می‌کند که در پایان این نمایش، دیالوگ‌هایی وجود دارد که نه در نسخه اسپانیایی، بلکه تنها در آثار بعدی، از جمله در یکی از نمایشنامه‌های

---

[26] Giacinto Andrea Cicognini.

[27] Marco Napolioni.

[28] Giovan Batista Fiorillo.

مولیر، دیده می‌شود. از این گفته‌های فررونه میتوان فهمید که این نکات تأییدی است بر رفت‌وآمد آزادانه‌ی عناصر نمایشی میان مرزهای زبانی و ملی.

به گفتهٔ فررونه، ردپای دن جوانني، با حضور بازیگران مطرحی چون دومنیک بیانکوللی، تا دربارهای اروپایی ادامه می‌یابد. نسخه‌ای از این نمایش در سال ۱۶۶۰ در وین، با حضور بیانکوللی در نقش آرلکینو اجرا شد یعنی پنج سال پیش از خلق نسخهٔ مولیر. در این میان، اگرچه برخی از این بازیگران، متنی از خود به جا نگذاشتند، اما از طریق اجراهایشان نقش مؤثری در شکل‌گیری و گسترش این تیپ نمایشی ایفا کردند[۲۹].

با توجه به تعاریف و توضیحات سیرو فررونه از سفر دو جوانني میتوان گفت، دن جوانني نه صرفاً یک شخصیت، بلکه مسافری فرهنگی است که از اسپانیا به ایتالیا، از ناپل به فلورانس، و از آن‌جا به پاریس و وین سفر میکند. این سفر، حامل نوعی بازتعریف نمایشی از هویت و قدرت بازیگر بود؛ سفری که در آن متن، صحنه، بدن بازیگر، و سنت زندهٔ اجرا، همگی در شکل‌گیری و ماندگاری شخصیت دن جوانني سهمی بنیادین داشتند.

---

[29] Siro Ferrone, *La commedia dell arte*, Einaudi, Torino 2014, pp 78-83.

زاننی، جاننی، جواننی : تکامل واژه و شخصیت در کمدیا دلارته

فهم و درک درست از ماسکره زاننی در کمدیا دلارته نیازمند توجه به شرایط اجتماعی و تاریخی‌ای است که در آن این شخصیت شکل گرفته است. برای پاسخ به این پرسش که چرا شخصیت «زاننی» از اهمیت ویژه‌ای برخوردار است، باید به تکامل واژه‌ها و هویت اجتماعی‌اش در منطقه برگامو توجه کنیم. در قرون ۱۵ و ۱۶ میلادی، بسیاری از خانه‌های اشرافی در برگامو به سان دیگر خانه‌های اشرافی، خدمتکارانی داشتند و برای ساده‌سازی ارتباطات، به اکثر خدمتکاران به‌ویژه جوان‌ترها، اسم «جواننی» اطلاق می‌شد. این واژه با گذر زمان تغییراتی پیدا کرد و به شکلی که در گویش برگامویی تلفظ می‌شد، به «جاننی» تبدیل شد. در این گویش، تلفظ حرف «ج» به شکل «ز» در می‌آید، به‌گونه‌ای که نام «جاننی» به صورت «زاننی» تلفظ می‌شود. این تغییر زبانی، در واقع، بیانگر تحولی اجتماعی است که نه تنها به‌طور زبان‌شناسی، بلکه در ساختار اجتماعی و فرهنگی نیز تأثیرگذار بود.[30]

[30] Vito Pandolfi, Il teatro drammatico, Edizioni Moderne, Battipaglia 1959, pp 340-341.

عکس شماره ۵: زاننی، برگرفته از نقاشی Jacob de Gheyn

حال با در نظر گرفتن پیشینه تاریخی و اجتماعی که در پیش توضیح دادیم، می‌توانیم به شکل‌گیری و تکامل شخصیت «زاننی» در کمدیا

دلارته پی ببریم. شخصیت زانی، که در ابتدا در جامعه به‌عنوان یک خدمتکار ساده و در موقعیت‌های حاشیه‌ای در نظر گرفته می‌شد، به‌تدریج در صحنه‌های کمدیا دلارته تبدیل به شخصیتی پیچیده‌تر و با ابعاد کمیک بیشتری شد. در کمدیا دلارته، این شخصیت نه تنها نماینده طبقات پایین جامعه، بلکه نماد معکوس شدن ساختارهای اجتماعی و بازی با قوانین آن زمان است.

در نهایت، تغییرات اسم از «جوانی» به «جانی» و سپس به «زانی» نمایانگر تحولی اجتماعی است که در کمدیا دلارته بازتاب یافته است. از این طریق، می‌توانیم مشاهده کنیم که چگونه این شخصیت از جامعه به صحنه‌ی نمایش منتقل شده (یا برعکس) و در نهایت در قالبی نمایشی و کمدی شکل گرفته است. بنابراین، «زانی» به‌عنوان یکی از نمادهای برجسته کمدیا دلارته، بیش از آنکه صرفاً یک شخصیت کاریکاتوری باشد، به‌عنوان یک بازتاب از تضادهای اجتماعی و فرهنگی زمان خود عمل می‌کند.

شخصیت‌های زانی و دون جوانی در کمدی‌های دوران باروک دو تیپ نمایشی مهم هستند که تأثیر زیادی بر روند تکامل کمدی در این دوره داشتند. هر دو شخصیت، هرچند از نظر ویژگی‌ها و نقش‌ها متفاوت هستند، ولی در ایجاد موقعیت‌های کمدی نقش کلیدی ایفا می‌کنند.

همانطور که گفته شد، شخصیت زانی معمولاً به عنوان فردی دلقک‌وار، ناتوان و فریبکار معرفی می‌شود. او در تلاش است تا منافع شخصی خود را به دست آورد، ولی بیشتر از روش‌های ناشیانه و تقلب‌آمیز استفاده می‌کند. زانی‌ها از طبقات پایین‌تر جامعه هستند و

در تقابل با شخصیت‌های برجسته‌تر و اجتماعی‌تر قرار می‌گیرند، که این تضاد اجتماعی اغلب موجب خلق موقعیت‌های کمیک می‌شود.

در مقابل، شخصیت دن جوانني نیز در کمدی‌های باروک به عنوان فردی با جذابیت بالا و فریبنده شناخته می‌شود. او اغلب برای رسیدن به لذت‌های دنیوی، به ویژه در رابطه با زنان، از فریب و دستکاری احساسات دیگران استفاده می‌کند. دن جوانني معمولاً از طبقات بالای اجتماعی است و به دلیل رفتارهای فریبکارانه و خودخواهانه، شخصیت‌های منفی با جذابیت‌های خاص به شمار می‌روند.

شباهت‌ها بین این دو شخصیت در استفاده از فریب و حیله‌گری برای رسیدن به اهدافشان است. هر دو در موقعیت‌های کمدی مختلف از این ویژگی‌ها بهره می‌برند و نقش‌های پرتنش و کمیک را ایجاد می‌کنند. اما تفاوت‌ها آن‌ها در موقعیت اجتماعی، اهداف و نوع رفتارهایشان آشکار است. زانني‌ها بیشتر در پی نفع شخصی به شیوه‌ای کمیک و ناتوان هستند، در حالی که دون جوانني‌ها با جذابیت و قدرت خود به فریب و بازی‌های پیچیده اجتماعی پرداخته و بیشتر به دنبال لذت‌های شخصی و روابط سطحی هستند.

نتیجه‌گیری:

شخصیت‌های «زانني» و «دون ژوان» هر دو نقش بسیار مهمی در شکل‌گیری و تکامل کمدی در دوره باروک (کمدیا دلارته) ایفا کرده‌اند. این دو تیپ نمایشی، با ویژگی‌های خاص خود، تاثیرات

زیادی بر ساختار کمدی در آن دوران گذاشته و به صورت هم‌زمان ابعاد اجتماعی و فردی خاصی را به نمایش گذاشته‌اند. شخصیت زاننی، با ویژگی‌های کمیک، ناشی از ناآگاهی، ریاکاری، و تضادهای رفتاری، به گونه‌ای طراحی شده که تضادهای اجتماعی و انسانی را به صورتی پرانرژی و اغلب در قالب شوخی‌ها و بازی‌های زبانی بیان کند. در حالی که شخصیت دن جواننی، به عنوان یک فرد شیطان‌صفت و فریبکار، مسأله عشق، خودخواهی و بی‌پروا بودن را مطرح می‌کند

با این حال، این دو شخصیت ویژگی‌های مشترک و متفاوتی دارند. هر دو شخصیت به نوعی از اغراق‌های رفتاری و فردی استفاده می‌کنند تا نقدهایی به وضعیت اجتماعی و فرهنگی زمان خود بپردازند، اما نحوه انجام این نقدها متفاوت است. زاننی بیشتر در قالب کمدی‌های عامیانه و در موقعیت‌های فیزیکی و کلامی اشتباه به تصویر کشیده می‌شود، در حالی که دن جواننی بیشتر در قالب درام‌های پیچیده و معنوی ترسیم می‌شود که اخلاقیات و روابط انسانی را به چالش می‌کشد.

در نهایت، این دو شخصیت با تأثیراتی که بر کمدی دوران باروک گذاشته‌اند، نه تنها نمایانگر ویژگی‌های جامعه باروک هستند، بلکه به تکامل ویژگی‌های کمدی در این دوره کمک کرده و برخی از قالب‌های نمایشی جدید را وارد عرصه تئاتر کردند. این ویژگی‌ها همچنان در تئاترهای بعدی نیز مشاهده می‌شود، به ویژه در قالب‌هایی که بر تضادهای اخلاقی و اجتماعی تأکید دارند.

منابع:

André, Claude. *From Zanni to Don Juan: The Evolution of Masks in European Theatre*. Paris: Gallimard, 2004.
Byron, George Gordon. *Don Juan*. 1819–1824 (unfinished).
Duchartre, Pierre Louis. *The Italian Comedy*. New York: Dover Publications, 1996.
Ferrone, Siro. *La commedia dell'arte*. Torino: Einaudi, 2014.
Molière. *Dom Juan ou le Festin de pierre*. 1665.
Mozart, Wolfgang Amadeus, and Lorenzo Da Ponte. *Don Giovanni*. 1787.
Pandolfi, Vito. *Il teatro drammatico*. Battipaglia: Edizioni Moderne, 1959.
Rosenberg, Dario. *The Commedia dell'Arte: An Introduction*. Cambridge: Cambridge University Press, 1986.
Toschi, Paolo. *Le origini del teatro italiano*. Torino: Bollati Boringhieri, 1976.

درباره نویسنده

دومان ریاضی، پژوهشگر تاریخ تئاتر، مترجم، مدرس و کارگردان این هنر است. او در مسیر مطالعات دانشگاهی خود، دکترای تخصصی در تاریخ تئاتر را از دانشگاه فلورانس و دورهٔ فوق‌دکتری را در همان حوزه از دانشگاه تورنتو به پایان رسانده است؛ و بدین‌سان، در زمرهٔ معدود پژوهشگرانی قرار دارد که مطالعات نظری و تجربی تئاتر را در گستره‌ای فراتر از مرزهای جغرافیایی دنبال کرده‌اند.

کار علمی او در تقاطع سه حوزهٔ اصلی متمرکز است: بازاندیشی و به‌روزرسانی نمایش ایرانی، کمدیا دلارته و خوانش‌های انتقادیِ تاریخی از اجرا در نسبت با تحولات فرهنگی و اجتماعی. او در فاصله‌ای نزدیک به هشت سال دستیار سیرو فررونه، یکی از بزرگ‌ترین استادان جهانی در حوزهٔ کمدیا دلارته، بوده و این همکاری، تجربه‌ای منحصربه‌فرد از تلفیق آموزش عملی، مطالعات آکادمیک و سنت‌های زندهٔ تئاتر را برای او رقم زده است.

او همزمان با تدریس در دانشگاه‌ها و مدارس هنرهای نمایشی، در تولید آثار نمایشی و ترجمهٔ متون تخصصی تئاتر نیز فعال بوده و نگاه بینافرهنگی‌اش، هم در صحنه و هم در صفحه، حضوری محسوس دارد.

کتاب حاضر، نمایش در سفر، گردآوردی از تأملاتی‌ست که در بستر تحقیق، آموزش و کارگردانی در طی یک دهه شکل گرفته‌است. نویسنده با وقوف به ناتمامی ذاتی هر پژوهش، این مقالات را نه به‌عنوان پاسخ، بلکه به‌مثابه پرسش‌هایی رو به آینده، در اختیار خواننده می‌گذارد. چرا که در نگاه او، تئاتر نه امری ایستا، بلکه سفری است پیوسته؛ و آنچه اصالت دارد، گفت‌وگویی است که در این مسیر شکل می‌گیرد.

انتشارات آسمانا (تورنتو) منتشر کرده است:

پژوهش‌های علمی و دانشگاهی

- *Music on the Borderland: Remembering and Chronicling the 1979 Revolution's Shadow on Iranian Music*, by K. Emami, 2024.
- *Whispers of Oasis: Likoo's Poetic Mirage*, by M. Ganjavi, A. Fatemi and M. Alimouradi, 2024
- *زبان، انسان و جامعه: ادبیات و زبان‌های اقلیت در ایران*؛ ویرایش امیر کلان؛ مهدی گنجوی، آنیسا جعفری و لاله جوانشیر، ۲۰۲٤.
- *تنگلوشای هزار خیال؛ جستارهایی در ادب و فرهنگ*، رضا فرخفال، ۲۰۲٤
- *دلالت‌های تحلیل طبقاتی در سرمایه‌داری امپریالیستی*، محمد حاجی‌نیا و شهرزاد مجاب، ۲۰۲٤
- *شبِ سیاه و مرغان خاکسترنشین؛* شعر نیما در *دهه‌ی دوم:* ۱۳۲۱-۱۳۱۱، ۲۰۲٤
- *حافظ و باژگویی*، تالیف رضا فرخفال، ۲۰۲٤
- *زنان کُرد در بطن تضاد تاریخی فمینیسم و ناسیونالیسم*، تالیف شهرزاد مجاب، ۲۰۲۳
- شورش دهقانان مکریان ۱۳۳۲ - ۱۳۳۱ *: اسناد کنسولگری، مکاتبات دیپلماتیک و گزارش روزنامه‌ها*، پژوهش امیر حسن‌پور، ۲۰۲۲

تصحیح انتقادی

- *تاریخ شانژمان‌های ایران*، تالیف میرزا آقاخان کرمانی (به کوشش م. رضایی تازیک)، ۲۰۲٤

- رستم در قرن بیست‌ودوم (تصحیح انتقادی و مصور)، تالیف عبدالحسین صنعتی‌زاده (ویرایش م. گنجوی و م. منصوری)، ۲۰۱۷

شعر

- زیر گنبد دوار، شعر از عباس امانت، ۲۰۲۵.
- شهرآشوب، شعر از امیر حکیمی، ۲۰۲۵.
- خمار صدشبه، شعر از منصور نوربخش، ۲۰۲۵.
- دفتر الحان، شعر از امیر حکیمی، ۲۰۲۴.
- با سایه‌هایم مرا آفریده‌ام، شعر از هادی ابراهیمی رودبارکی، ۲۰۲۴
- شهروندان شهریور، غزل از سعید رضادوست، ۲۰۲۴
- آینه را بشکن، شعر از نانائو ساکاکی، ترجمه مهدی گنجوی، ۲۰۲۴
- عجایب یاد، شعر از امیر حکیمی، ۲۰۲۳
- کهکشان خاطره‌ای از غروب خورشید ندارد، شعر از مهدی گنجوی، ۲۰۲۳
- غریبه‌هایی که در من زندگی می‌کنند، شعر از مهدی گنجوی، ۲۰۲۱
- تبعیدی راکی، شعر از علی فتح‌اللهی، ۲۰۱۸

داستان

- *Destined to Lead?*, a novel by Hushand Dowlatabadi, translated by Hadi Dowlatabadi, 2025
- *An Iranian Odyssey*, a novel by Rana Soleimani, translated by Fereidon Rashidi, 2025

- مجتمع دخترانه، رمان از محبوبه موسوی، ۲۰۲۵.
- مستیم و خرابیم و کسی شاهد ما نیست، رمان از مهدی گنجوی، ۲۰۲۵.

- *اسباب شر*، رمان از جواد علوی، ۲۰۲۵.
- *جلوی خانه ما یکی مرده بود*، مجموعه داستان از اکبر فلاح‌زاده، ۲۰۲۴
- *زینت*، رمان از وحید ضرابی‌نسب، ۲۰۲۴
- *فیل‌ها به جلگه رسیدند*، رمان از کاوه اویسی، ۲۰۲۴
- *مقامات متن*، رمان از مرضیه ستوده، ۲۰۲۴
- *انتظار خواب از یک آدم نامعقول*، مجموعه داستان از مهدی گنجوی، ۲۰۲۰

نمایش‌نامه

- *بغلم کن، لعنتی، بغلم کن*، نمایش‌نامه از علی فومنی، ۲۰۲۵.
- *درنای سیبری*، نمایش‌نامه از علی فومنی، ۲۰۲۴
- *یوسف، یوزف، جوزپه*، نمایش‌نامه از علی فومنی، ۲۰۲۵

برای ارتباط با نشر آسمانا:

Asemanabooks.ca

www.ingramcontent.com/pod-product-compliance
Lightning Source LLC
Chambersburg PA
CBHW070838160426
43192CB00012B/2234
* 9 7 8 1 9 9 7 5 0 3 1 2 5 *